老大学故事丛书

读懂名校 走进名校

1905

老复旦的故事

陈麦青 杨家润 编

江苏文艺出版社
JIANGSU LITERATURE AND ART
PUBLISHING HOUSE

图书在版编目（CIP）数据

老复旦的故事 / 陈麦青，杨家润编. — 南京：江苏文艺出版社，2012.4
 （老大学故事丛书）
 ISBN 978-7-5399-5202-4

Ⅰ. ①老… Ⅱ. ①陈…②杨… Ⅲ. ①复旦大学－校史 Ⅳ. ①G649.285.1

中国版本图书馆 CIP 数据核字(2012)第 051919 号

书　　　名	老复旦的故事
编　　　者	陈麦青　杨家润
责 任 编 辑	孙　衍
装 帧 设 计	焦糖印画
出 版 发 行	凤凰出版传媒集团
	凤凰出版传媒股份有限公司
	江苏文艺出版社
集 团 地 址	南京市湖南路 1 号 A 楼，邮编：210009
集 团 网 址	http://www.ppm.cn
出版社地址	南京市中央路 165 号，邮编：210009
出版社网址	http://www.jswenyi.com
经　　　销	凤凰出版传媒股份有限公司
印　　　刷	江苏凤凰通达印刷有限公司
开　　　本	652×960 毫米　1/16
印　　　张	13
字　　　数	150 千字
版　　　次	2012 年 5 月第 1 版　2012 年 5 月第 1 次印刷
标 准 书 号	ISBN 978-7-5399-5202-4
定　　　价	22.00 元

（江苏文艺版图书凡印刷、装订错误可随时向承印厂调换）

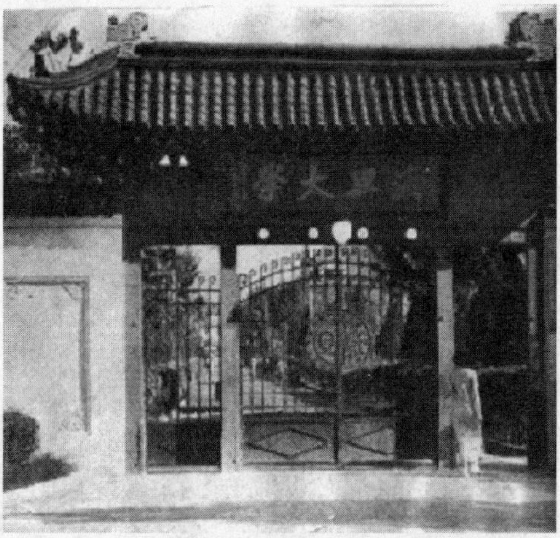

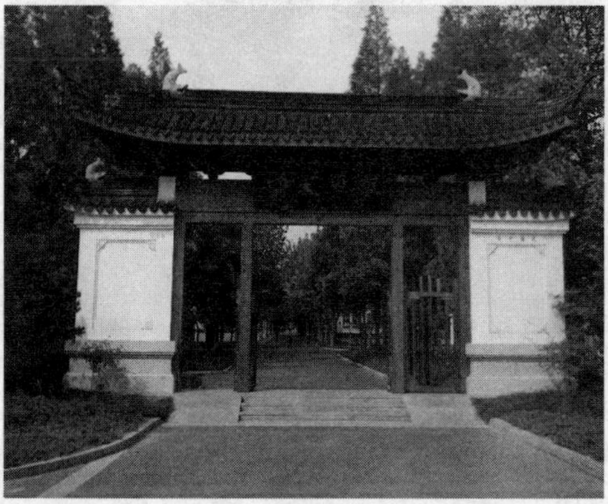

复旦大学创始人
马相伯

复旦公学第二任监督(校长)
严 复

私立复旦大学校长

复旦奠基人　李登辉

复旦大学解放后首届校务委员会

主任委员、校长　陈望道

郭大川(商学士)    孙洪烈(商学士)

朱舜章(法学士)    王荪英(商学士)

复旦公学时期的校门

江湾校址老大门

抗战前江湾复旦女生宿舍,即"东宫",后毁于日军炮火

图书馆

复旦大学校训
博学而笃志,切问而近思

复旦大学校风
文明、健康、团结、奋发

复旦大学学风
刻苦、严谨、求实、创新

复旦大学校歌

作词：刘大白　　作曲：丰子恺

复旦复旦旦复旦　巍巍学府文章焕
学术独立思想自由　政罗教网无羁绊
无羁绊前程远　向前　向前　向前进展
复旦复旦旦复旦　日月光华同灿烂

复旦复旦旦复旦　师生一德精神贯
巩固学校维护国家　先忧后乐交相勉
交相勉前程远　向前　向前　向前进展
复旦复旦旦复旦　日月光华同灿烂

复旦复旦旦复旦　沪滨屹立东南冠
作育国士恢廓学风　震欧铄美声名满
声名满前程远　向前　向前　向前进展
复旦复旦旦复旦　日月光华同灿烂

目 录

孙中山先生关怀复旦大学 …………… 朱仲华 （ 1 ）
在上海复旦大学的讲演 ……………… 鲁 迅 （ 3 ）
关于震旦与复旦种种 ………………… 马相伯 （ 7 ）
旧事新记 ……………………………… 杜绍文 （10）
夏坝情 ………………………………… 游仲文 （13）
渝北学府区散记 ……………………… 陈子展 （15）
四迁记 ………………………………… 徐学明 （19）
在母校求学时期的回忆 ……………… 黄纬芳 （21）
复旦公学生活的回忆 ………………… 刘文海 （24）
复旦历史上的校董会 ………………… 圣 泉 （28）
复旦春秋 ……………………………… （29）
复旦大学的《诗经》展览会 ………… 郑逸梅 （37）
复旦剧社的经过 ……………………… 吴铁翼 （39）

《雷雨》的演出和它的两位主角——怀念索天章
　　先生和冯惠端同学 …………………… 芮鹤九 （47）
忆复旦摄影学会 ………………………………… 赵 沄 （50）
体育春秋 ………………………………………… 薇 公 （52）
复旦公学吴淞时期校舍复原图记 ……………… 喻 蘅 （58）
复旦无锡校基揭秘 ……………………………… 杨家润 （63）
我们的茅屋 ……………………………………… 金通尹 （66）
忆登辉园 ………………………………………… 人 甬 （69）
论复旦宿舍 ……………………………………… 史宝楚 （71）
校外宿舍 ………………………………………… 杨守文 （75）
关于"三宫二院"与"两园" …………………… 杜绍文 （78）
燕园话旧 ………………………………………… 杨 灵 （88）
马相伯毁家兴学 ………………………………… 王仁清 （94）
爷爷轶事 ………………………………………… 马玉章 （98）
于右任知遇马相伯 ……………………………… 傅 蓉 （107）
我所见到的李校长 ……………………………… 章 益 （110）
陈望道轶事 ……………………………………… 季鸿业 （113）
陈望道论才子与学者 …………………………… 何鸿均 （115）
陈望道识才爱才 ………………………………… 王 火 （116）
新中国第一位女大学校长 ……………………… 王增藩 （118）
与古人交友的人 ………………………………… 吴中杰 （126）

郭绍虞和他的书法	谷苇	(132)
记忆中的东润先生	骆玉明	(135)
赵景深二三事	蒋星煜	(139)
滑竿教授——梁实秋先生印象	林斤澜	(147)
回忆谢六逸先生	赵景深	(149)
白老鼠的始祖	胡寄南	(155)
追忆卢鹤绂先生	杨家润	(158)
我国高校茶叶系科的创建者吴觉农	毛先旦	(161)
复旦一王爷	何苦	(163)
复旦最早的学生会主席叶景莱	胡国枢	(165)
文学院教授速写	杉木	(167)
话当年	英	(172)
记孙俍工	赵景深	(175)
老复旦打钟人	徐行	(177)
杰出校友(不完全名单)		(179)
参考资料		(191)

孙中山先生关怀复旦大学

朱仲华

复旦大学创办于1905年,初创时称复旦公学,校址在上海吴淞炮台湾,校长是马相伯先生。1913年春,我从故乡绍兴负责笈去沪,进入复旦公学,因同乡之谊与老师邵力子先生关系特为密切,课余之暇,常聆教益。印象最深的是,邵力子先生曾对我说过,复旦之有今天,全仗孙中山先生的大力支持。

1911年,武昌起义爆发之时,复旦大炮台湾的校舍因军事需要,被光复上海的驻军占用,学校只好停课。1912年孙中山先生在南京就任临时大总统后,校方派于右任、邵力子、刘成禹三位先生专程赴南京晋谒孙中山先生,陈述校舍之困难。孙中山先生素来关心教育事业,对国人自办的这所新式学校自然备加重视,立即批示将上海徐家汇的李鸿章祠堂改作校舍。这所李氏祠堂系由盛宣怀筹集12万两银子代为兴建的,屋宇宽敞,建筑精致,且具园林之胜。孙中山先生除拨给复旦校舍外,还指令财政部总长陈锦涛从国库中专拨银币

一万元,作为搬迁时的修缮费用。消息传来,复旦师生欣喜若狂,立即动工修房,添置设备,于1913年3月1日正式迁入新址复课。我正是在这个时候进入复旦公学中学部就读的。

在上海复旦大学的讲演

鲁 迅

我今天很荣幸与诸君共聚一堂,讨论澎湃一时的"革命文学"。我记得法国有一个文学家讲:"当代的文学家,讲一句话、写一篇文章,社会上的人士,有很大的魔力注目他,所以文学家是很难做的。"

在前几年,俄国有两期的革命,第一期是三月革命,第二期是十一月大革命。当时文学家为环境之压迫,没有工夫做文章,发表他自己的意见,亦没有一个印刷机关,可以拿他的作品印刷出来,所以这时候的人民,穷苦到了不得,所以只能分散各地,各糊其口。讲到这里,我们就想起"穷则益工"的这句俗语,但是以现在的情形来讲,这句话是讲不通的,一定要"半穷则益工"才讲得通。因为有思想的人,不能用力去做工,用力的人,亦不能以有思想的工作去做,如黄包车夫,要他拉车,又要他思想,是不能的;所以将有思想的人去做工,亦是同一之理。

讲到现在中国混乱的现象,照我的眼光去推测,有二大原因：一、中国人之思想太守旧；二、中西文化之冲突，东方文化有东方的优点，西方文化有西方的优点，在此文化发达的地方，所以文学不能进步。为什么呢？因为人生这文明进化的时代，思想百出，物质之进步，神乎其神。所以人有了危险的疾病，容易复原，以致造成思想进步得快，而人的寿长，所以人的思想，往往不能由时而转移。观是要救文学的弊病，必须要将人的思想改革一下。

我们知道革命是要流血的、痛苦的，然而没有真实的破坏，就没有真实的文学。我可以做一个譬喻，昔日法国有一个歌妓名Jhais，很名闻于法国，全国青年受其引诱而堕落者，不可胜数。当时有个很老的基督教徒，以为Jhais这个人，是最恶的魔鬼，非叫她来修道，引她到正道，社会上的青年男子，一定不能入于正规。他叫她来修道以后，她一日到晚不息的修道；可是这年老的基督教徒，见了Jhais以后，眼也看见她的面目，走路也看见她的面目，一日二十四小时，无时不想到她的美貌可观。后来他去探望她的修道地方，不料她道已修成，可怜这年老的基督教徒，成为失恋的罪人。从这段故事，我们知道：一个在少年极恶的歌妓，到老就变为极善的善人；一个在少年极善的基督教徒，到年老就变成极恶的罪人。推而至于文学，亦是如此，一时代有一时代的文学，不必要拘于题目而做，要照自己心中要说的说，说出的东西才不是死的。

我少年多看俄国、波斯、荷兰等国的小说，深知他们亦时常起来革命,但是他们的思想终是不符事实,往往到了革命既成,他们就不问世事。如俄国的文学家,他们到革命成功了就逃到别国去过生活。为什么呢?因为他们在未革命以前,以革命为神圣的,应当的,不知达到了目的,每餐只有两块面包,倒不如以前的生活舒服,所以他们垂首丧气的飘泊在他乡。再讲我们中国,在民国未成立以前,一般人士均热烈提倡革命;到了革命成功,一般下等阶级人民,均站立起来了,而主持革命的人,倒不如不革命自由。所以现在中国产生了一般遗老,他们均痛恨革命,所以现在仍旧看见拖辫子的老先生,表示他并不埋没前清的君主政体。

照我的意见,以为没有切实的牺牲,没有灭亡的表示,就没有新的国家,新的文学出世。我做一个譬喻:虫类之中,有一种节节虫,它在生子时候,一节一节的死去,到了完全死完了,它就产生了一个整个的幼虫。我们人类像这样的精神,方才有人类进步的实现,就是不怕死,要有忍耐的精神去做。

我们文学家不是要名载史册、留名万年的,志向是要改革腐败的文学,成为有价值的文学。因为我们一个人要留名万年,是何等困难,我们在历史中所记得的人名,亦不过少数而已。三国志内的诸葛亮、刘备,恐怕还是戏剧中看来的。

我的意思,去改良文学之要点:一、哪种人讲哪种话;二、革命后要继续努力改革。文学家不必看见一个乡下人,就描写他的生活现象,因为他所接触的人,都是思想太旧,不符时代的人民,所以这亦不是新文学的真面目。有人说,现

代的人,能够做新体诗,像诗经上的诗描写得活龙活现才是好的。我以为诗经隔开现代有数千年之久,何能再在现代周旋?所以这亦不是新文学的真面目。

有人说,文学家于社会有密切关系,社会之变动,大半由于文学家言论使然。这实在是不识时务之谈,像去年的孙传芳,他放弃江苏,并不是我们发表几篇文章,他就逃脱;实在是炮火打不过人家了,就放弃了江苏,以保其生命的安全。所以文学于社会绝无关系,而待新的社会造成,旧的文学才变成新的文学。

(这是鲁迅先生1927年11月2日在复旦大学的讲演,本文根据记录稿整理)

关于震旦与复旦种种

马相伯

我办震旦时,有一桩事可以告世人的,就是我的教授法的特点。那时一班外国人在中国教我们青年的外国语文,简直有些颟顸,譬如,他们教英文,一开始就教文句,而不教拼法,弄得学生摸不着头脑;我却从拼音字母教起,使他们渐渐可以独立地拼读外国语文。那时他们教英文所用的课本大致都是英国人教印度人用的,浅薄鄙俗,毫无意义。我却选些英国极有价值的文学作品,如狄斯丕尔等等的著作,给学生讲习,藉以提高他们的英文程度。每星期日上午9时至12时,我召集全校学生开讲演会,指定题目,先由一个登台讲演,然后轮流推举学生中一二人加以批评,使他们各人发挥自己的意见,互相观摩。各生都很有兴趣。当时一些外国教员也都赞成,而且他们当我创办震旦时,都若即若离地站在旁边,待我把学校办成,他们却又"见猎心喜",对于我的主张,动辄加以阻挠,而且关于招收学生的办法,我的见解,也与他们不同。他们只愿意收年轻的学生,我则主张年轻和年长的,甚至三四十岁的,只要他们诚心来学,程度相当,皆应一视同仁,尽量收纳。因为中国的情形与欧西各先进国不同。我们的青年须教育,我们的成人尤须教育。因为他们学了一点,马上到社会上去,就有用。我因以上种种关系便毅然决然地离开震旦,组织复旦。我前次已经说过,复旦开学未几,便遇着辛亥革命,上海经过了一次"光复",复旦学校被军队占据,大家就带着全校学生跑到无锡,暂借李汉章的祠堂做校址。我好多年不上家乡的茶馆了,在无锡时,又常和二三友人在茶馆吃了几次茶,说来也奇怪!无锡那时的茶馆,楼上楼下都是满座,但楼上从楼板缝里看楼下看得逼清,楼上的人一行动,楼下的茶桌上便灰尘遍处,然而大家都安之若素,一点也不觉得难过,我那里看了这种情形,便万分不耐,于是感慨万端。幸而我们在无锡住了一个月光景,革命后,我们又把学校搬回上海。回到上海没有校址,于是我就写了一呈文给江苏都督庄蕴宽,请他把李文忠公祠拨给复旦做校址,庄很好,马上批准了。李文忠公的儿子伯行先生对我大发其少爷脾气,说我不该强占文忠公的祠堂。我答道:并不是我强占它,而是庄氏批准的。同时我允他:凡于纪念李文忠的碑记、塑像、牌位,皆丝毫不动,一律保存。人家也很尊重我的意思,一直保存到今。复旦在中国的教育上,总算尽了相当的作用,用李文忠祠堂来做它的校址,不但不辱没李文忠,实在是看得起他老先生。

我在复旦(以前也是这样)对于学生非常爱护,非常喜欢和他们谈话,他们在课余也喜欢来同我问难,有了困难,也常来找我给他们解决。有一次他们因饭食问题,几乎要起哄,我开诚布公地训诫他们,道:你们到此地不是来做大少爷,而是来求学的;而且学生不应以家庭为家庭,而应以社会为家庭,等等。青年们到底是些无邪气的孩子,被我一番词严义正的话教训过了,他们也就再没有什么说的了。

旧事新记

杜绍文

（一）复旦学风

复旦学风，自昔即以敦朴勤谨著称。其执经问难之风气，无殊于明清之书院时代。以故学术自由，思想独立，校训中所昭示之"博学而笃志切问而近思"两语，庶乎近之。且学校政治与学校文化，类皆能本其信仰陈其意见，辩论争议甚至磨拳擦掌于一堂，旋而握手欢谈于室外。不以友谊殉政见，不以私交妨公务，其大公无私纯洁高尚之旨趣，洵令人闻风而向往矣！大哲亚里士多德有言："我爱我友，我尤爱真理。"斯论也，已为复旦学生服膺勿矢。是故真理以愈辩而愈明，学识以益磨而益进，学校社会，打成一片，收效之宏，有非他校学生所可比拟者。沪上 The China Press 评述，谓复旦为一富有 Democracy 化之学府。东邻朝日新闻社，复誉复旦为我邦最有近代精神之弦歌圣地。复旦三十年来，虽历受沧桑，然此自由独立之风气，则历久不渝。即此一端，已足为三十周年纪念之佳话矣。闻春申学风,近渐沾恐怖;政见偶有歧异,手枪继之而来。甚盼复旦能鹤立鸡群,始终保持其自由之习尚也!

(二) 复旦市廛

　　自大上海计划实施后,市府迁治,大辟草莱,荒僻之江湾,遂日趋繁荣。今则道平如砥,灯明若昼,交通便利,学校丛集,寝寝乎蔚为上海之名区矣。持此现局而衡数十年前之江湾镇,实使人有不胜今昔之感者!当余肄业复旦时,市廛精华,萃于前门,然亦仅有市房数楹饭馆几座而已。该时之后门,只有阿华店及地保家两处;且小河以北,阡陌相连,田陇相望,农夫而外,几不见学生之足迹焉。民国十八年冬,闸北华商公司汽车通江湾镇,设车站于跑马厅旁,有少数黄包车通复旦后门,车资一律为铜元十四枚。于是后门因交通重点关系,突形繁盛,商店菜馆,次第兴建。复旦市廛,遂由前门移至校后。迨余离校时,复旦后门已有丁字形之马路三,宿舍饭店无数,跑冰场与弹子房,亦应运而兴,渐成贸易辐辏之唯一市场矣。孙中山先生曾云:"交通最便利之地方,即系商业最繁盛之地方。"观诸复旦市廛之迁移兴替而益信。市政府移节江湾后,翔殷路上,车马似水,冠盖如云,复旦前门,度已日就其中兴之盛况矣。

（三）复旦环境

复旦之物的环境与人的环境，恰成一有趣之反比，即前者备极拮据，而后者则左右逢源是也。复旦既非公立，又不属任何教会，以致国家之的拨及团体之津贴，均告缺如。学校所赖以支持之经常费，胥恃于学生所缴之束修。根基浇薄，飘摇时虞，余有恒言："复旦与日本帝国同，为先天不厚亟须奋斗之场合。日本为一有待努力之民族，复旦亦系一有待努力之学校也。"复旦所以经三十载而声华弥盛，即此区区努力一念致之耳。然复旦人的环境，则朝气蓬勃，为其他各大学所望尘不及。三十年来，人才辈出，高官显爵，学者大儒，为量之众，不可胜数。今日之国内外，不问通都僻邑，凡有人类之所在，即有我复旦同学之踪迹。以杭州一隅而言，浙省党政商学报各界大权，殆全操于复旦同学之掌握中。举一反三，复旦之人的环境，不可谓为不登峰造极。漪欤盛哉，吾愿此鼎昌之局势，能永恒勿变；则将来中华民国之复旦化，亦可计日呈功者矣。

夏 坝 情

游仲文

初夏,当我踏上夏坝这块熟悉的土地,望着绿油油的桑园,四十多年前一幅幅难忘的图景仿佛就在眼前。

夏坝在北碚嘉陵江对岸,五十年前,上海沦入日军之手,复旦大学西迁来此,夏坝进入了它的新纪元。有五个学院、两千多学生的复旦大学在坝上经历了八年,为祖国培育了各类专业人才,为人民解放事业输送了大批革命志士。

四十年代,当抗日战争进入艰苦阶段,我考入复旦大学就读。初到夏坝,生活是艰苦的。那时坝上还没有电灯,入夜,图书馆的煤气灯只能照着部分同学复习,我们通常是点上蜡烛在寝室夜读。但是,有一颗照亮我们心灵的明灯,那就是党的南方局在这里的"据点"。夏坝是党的重要阵地之一,党的种子很早就在这儿播下。

我怀着深情在坝上的甘家院寻踪,院子犹存,房舍改建,现名创造村,它是南方局青年组领导的《中国学生导报》的大本营,当年我们曾经深夜在这里秉烛工作。甘家院紧邻的陈望道教授故居"潜庐"仍存,房舍一新,这位《共产党宣言》第一个中译本的译者,对我们探索真理、争取民主、追求进步的学生总是支持的。我离开夏坝的时候,来"潜庐"请望道师指点的情景犹历历在目。

那一楼一底的"登辉堂"是夏坝当年的主体建筑,是为了纪念复旦大学校长、复旦奠基人李登辉而命名的。李登辉先生1873年出生于印尼的爱国华侨家庭,毕生从事教育工作。如今这座抗战时期的建筑外表仍保持当年风貌。这里现在是北碚蚕种场幼儿园,又是一个造就一代新人的摇篮。

登辉堂前竖立的白色大理石纪念碑,上刻着周谷城教授题写的"抗战时期复旦大学校址"。我徘徊在碑前,四十多年前周老师为我们讲通史的情景依稀再现。

在登辉堂左后侧的孙寒冰教授墓,新近重建落成。孙教授原是复旦大学教务长,1940年日机轰炸北碚,不幸遇难。数十年来,先生墓地迭遭破坏。1945年,复旦渡船翻沉,进步同学束衣人、顾中原、王先民不幸遇难,葬在孙先生墓旁,惜已骨骸无存。

当年夏坝江边的林荫道不通汽车,如今,新树成行,车辆奔驰,漫步其间,忆起我们当年在这里散步时哼的歌:"我们的青春像烈火样的鲜红,燃烧在战斗的原野;我们的青春像海燕样的英勇,飞跃在暴风雨的天空……"不胜今昔之感。岁月悠悠,我们这一代夏坝人的青春已去,我们的母校,一座巍巍学府正屹立沪滨,一万一千多学子正发奋攻读。复旦大学正欣欣向荣。

渝北学府区散记

陈子展

"江州古镇,渝郡名区。汉京开教学之源,彬彬者风侔邹鲁。盛世普作人之化,济济者名埒马扬。"

倘若我们也肯打起骈文调子,写到渝北学府区就可以这样写下去,不过有点浮夸罢了。实在说起来,这里所说的渝北学府区,宽点说,就从沙坪坝、瓷器口、歌乐山、柏溪、北碚、黄桷树上至合川,都可以包括在内。那么,抗敌以来,从外面迁来的学校,小学、中学、大学都有,内有国立大学一所,国立中等学校两所,私立中等学校几所不必计,私立大学就有将近四十年历史的复旦大学最为著名了。加上四川省立重庆大学,国立江苏医学院,在一个百把公里区域内有大学五六所,外加歇马场高滩岩新迁来的中国乡村建设学院,又北温泉缙云寺有汉藏教理院,以及新办的国立体专,要掉一句文,真可以说是:"郁郁乎文哉!"再把这个地域窄点说,那就不妨仅指北碚,这就是我现在要说的复旦大学的所在地了。

复旦大学于"八一三"后迁到牯岭,同年十一月迁到重庆南纪门外菜园坝,借复旦中学旧址。明年三月就迁到北碚黄桷树了。黄桷树是一个小市镇,居民呼为黄桷树,大约因为这里黄桷树很多,又有几株较大的树之故,桷字又可写为葛字。据说黄桷树即榕树,可是我们看不到它的气根,和闽粤一带所见的榕树两样。江北厅志上说:

"榕俗称为黄桷树,拳曲臃肿,不中绳墨,亦不可作薪,岩边石上植之,其本愈大,干枝复亘,古老苍奇,大至数围,覆或数亩,其叶煎汤洗风湿神效。"

复旦大学就在多有这种树的一个市镇上。北碚属巴县,黄桷树镇属江北县,如今同属嘉陵江三峡乡村建设实验区。所谓三峡系指嘉陵江的小三峡,温汤峡,观音峡,玉女峡罢,黄桷树镇介在温汤峡与观音峡之间。三峡当然以温汤峡为最有名,这里的北温泉虽不及古时长安的华清池、近代南京的南汤山那样名贵,可是就陪都重庆说,北温泉和南温泉也可算是一班名公贵人、少爷、小姐休沐游观的好地方了。据志书上说:

"温汤峡长五里许,两岩山势秀削,古松虬蟠。每当月朗风来,松韵与泉声互答。厅人鲜与尚有泉落松门咽峡风之句。峡水夏秋大险。峡中有二岩炭口,对河即巴县温泉寺。"

如今的温泉寺和温泉,大非昔比,详细说来,大可以写一卷"北泉志"了。

温汤峡又名东阳峡,唐初诗人吾家子昂有"入东阳峡与李明府舟前后不相及"一诗云:"东岩初解缆,南浦遂离群。

出没同洲岛,沿洄异渚濆。风烟犹可望,歌笑浩难闻。路转青山合,峰回白日曛。奔涛上漫漫,积浪下沄沄。倏忽犹疑及,差池复两分。离离间远树,蔼蔼没遥氛。狐猿啼寒月,哀鸿叫断云。仙舟不可见,遥思坐氤氲。"

这首诗只有"路转青山合,峰回白日曛"两句写景最妙。何以峡名东阳呢？按通志齐建武元年割巴县置东阳郡,后周时始废,即今东阳镇,与北碚隔江相望,复旦大学就在北碚东阳镇与黄桷树镇之间。莫道这东阳镇是一个三五人家的小村镇,在一千四百年前还是一个郡治。几十年前,黄桷树还不成为一个市镇,没有赶场日期,东阳镇却较热闹,每逢二五八日便是场期,不过如今这里不成市集了。城市的兴废无常,令人不胜湖城海田之感！清初南范和尚住锡温汤峡西山禅岩寺,曾有禅岩八景浪淘沙词八阕。八景就是禅岩叠翠、天台晓日、仙洞贻云、涪江秋月、白沙落雁、东阳晚渡、峡水拖蓝、西山夕阳。东阳晚渡列为佳景,今日住在东阳镇的人可有几个知道？峡水拖蓝,这是冬日寒江胜景,西山夕照,那就算是一年四季光景常新了。至于涪江秋月似应称为巴江秋月。白沙落雁,如今但见白沙,不见有雁。陈子昂诗中也有"哀鸿叫断云"一句,大约古时此地春秋季常有鸿雁飞过罢。其余三景,我想大致古今与同。又吾家子昂诗中有"狐猿啼寒月",如今此地并不见有猿猴。大约这辈山人真是入山惟恐不深,入林惟恐不密,已经远远遁去了罢！

自黄桷树到白庙子,江边经过文笔沱,因为石壁上生成

毛颖一枝,上面不生苔藓故名。乾隆二十五年,巴县知县王尔鉴把它改名为文笔石。道光十六年巴民吴大川却仍刻文笔沱三字于左。大水涡漩如雷吼,行船最险。十多年前,曾有华西大学学生数人暑假回家在此覆舟灭顶,有两生即葬江边,舟子为之碑记。

白庙子煤炭工人不少湘籍。原来此地居民大半是清初湖南移来。黄桷树的紫云宫崇祀大禹,就是湖南会馆。此地大户王姓就是清初湖南衡阳移来的。因此他们可以和我攀同乡,我也就不胜欣幸之至。据华阳国志上说:"江州以东,滨江山险,其人半楚,姿态敦重。垫江以西,土地平敞,精敏轻疾,上下殊俗,性情不同。"我也觉得此地人颇有些湖南人的笃实,湖北人的聪明,而且他们的语言,也是半湘半鄂的哩。

暂时写到这里为止,还是借光前人骈文的老调子,作一结束,因为此地山水大有助于文思,正是:

峰如笔峙,江作字流。分井络以为缠,扪星有曜。控夔巫而作镇,倒峡寻源。西山风雨,供吐纳于胸中。北碚波涛,助纵横于腕底。华蓥雪霁,老夫拟续旧吟。犬子风流,髦士何妨继轨!

四 迁 记

徐学明

"八一三"的炮火,无情地胁迫着我们离开了这优美可爱的翔殷路。当我们第一次搬在中一大楼上课的时候,什么也觉得过不惯。小小的教室里,"人头攒动",下课时,走廊里又挤得"水泄不通"。

都市的喧闹,充满在这室人气息的氛围里,窗外的电车,汽车,以及人们的叫喊声,扰乱了我们的思想和听觉。你想,这是读书的好环境吗?

很庆幸的,在中一大楼勉强地吃了半年的粉笔灰,我们是搬了。

假使说从江湾搬到中一大楼是第一次的迁移,那末,这次从中一搬到霞飞路该是第二次了。当然,霞飞路的新校舍,在从前是个别墅,房屋的建筑是相当的优美,而且环境又那样的恬静,屋前有一方极可爱的草地,草地右旁还有个瓜棚和一池清水。像这样幽静可爱的环境,虽然及不上江湾的那么优美,但至少比中一的"喧闹时期"亦好得多了。

假使再说在中一的生活是"头痛时期"(因为喧闹的声音,把我们的头脑都弄昏了),那末,在霞飞路的生活不妨说它是"冷板凳时期",为什么呢?那不是很清楚吗,因为在这别墅型的建筑里的课室实在太小了,容不了很多的人,于是很搬进了许多的"长凳"来代替这些原有的木背椅子。

很可怜的,"冷板凳"的生活过得没有上两个星期,我们为了法租界当局的"不准许"而又搬回公共租界来了。在这中间,我们不得不有一星期以上的停课。

"三迁"是迁到了仁记路的中孚大楼,又重温了三个月的"喧闹的"旧梦。"四迁"是在赫德路的一幢小房子里暂时安定了下来。于是,原来的厨房是做了办公室,汽车间是马上变成了图书馆。在这种局促不安的情绪里,在这梦样的记忆里,我又始终在想念着江湾的一切——小孩手臂似的池塘,少女乳峰似的土堆,傍晚金黄色的落日和晚霞,以及爱侣们携手散步的"燕园"。

在母校求学时期的回忆

黄纬芳

我现在在社会服务已经十多年了,这就是我离开母校的岁月,在这百忙中,因为地处边陲,接到母校筹备三十周纪念的通告稍为迟些但是心中非常高兴,辱承筹备处的宠命叫我写些文字,但是时间无多兼之限期已届,却之不恭,只有勉强将本人在母校求学时代之回忆写一些下来交卷塞责。

我在母校时代母校还在徐家汇李鸿章公祠,那时大约是民国五六年,我在的年级是甲子年份级,那时年纪还小,记得入学不久,我们隔壁的交通部上海工业专门学校(即南洋大学)正在开会庆祝二十五周年纪念。我看了回来对何葆仁同学说"我们复旦将来也来开一个三十周年纪念大大庆祝一下!"他说早哩! 不想光阴似箭今日就在眼前呵! 多么高兴呢。

我是一个北方长大的广西人,初到学校说不来上海话,所以便成了习惯,一直到现在,遇着了老同学,他们总是跟我说几句北方话,因为我生得肥白,有黄的眼珠儿,金色的头

发,同学都用上海话叫我做"洋囡囡"。我这名字比真姓名还通行。

那时学校的四周,都是一片荒凉,从福开森路下电车到校门,只有福开森路口的一间白洋房,夜深了走动,是有危险性的。校里的环境,因限于经济,设备不齐,单就国文一科而讲,是全校混合分班的,犹如另设一校,就算你是大学四年级的学生,要是国文程度不够,还得和我们小孩子过丁班的生活,说起倒很有趣,诸位不要看轻了,须知今日江湾的大学部的成功,完全要归功于当时的努力,因为当时全校上自李校长以至校役,无个不是希望而且努力于学校的进展的。最令我难忘的就是李校长的惨淡经营,他不以环境的困难而灰心,反为努力进行,学校始有今日,可见人定胜天。

学生最爱的便算吃,那时学校门口只有王麻子一间小食馆子,无形中就好像呈准有案,特予专利似的,事过将二十年,不知王麻子尚在江湾否?

在我们时代的学校,对于一切娱乐是没有的,户外运动,是有名无实,我们闷不过了,便集众在饭店前边石坪踢小球晒太阳,严厉的苏先生便忙个不了,结果虽则玻璃窗打破了不少,小皮球在苏先生桌面上陈列着很多,大家还是照样的顽皮,李校长苏先生来了就散。记得有一次苏先生来得很突然,拿了小皮球在手,各同学还嚷住 Hand Ball! Hand Ball! 可是看清楚了只有逃走。

那时的情形真是如画,我很久没有见着李校长,我记得

最后的一次,还是冷鉴同学,领了我和金启宇唐榴四个人为母校开章明义第一次夺了上海越野竞走的锦标回来,他在庆祝会里,摸着我的头,笑道:Very Good,Very Good! 不觉又是十多年了,我还是记念他佩服他!

复旦公学生活的回忆

刘文海

上月永安复旦同学会开会时,盛澄世同学探知我是复旦公学时代的学生,一定要我写一短篇文字,描写当时在校的情形,言恳意盛,未便拂情推诿,所以只得在百忙中拉杂地写几句,以供各位同学的参考。可是提起笔来,回忆往事,真使我万感交集,觉得过去种种事迹,飘渺恍惚,几同隔世,叹人生易逝,感百事无成,更不禁恻然。经勉强抑止后,却又恢复我髫年时代的感觉,天真的性情,朴实的习惯,轻健的肢体,以及前途无限的希望,一切均活跃目前,使我感觉到难以形容的愉快,精神顿觉振奋,我就是在这种情形下写出我在复旦公学生活的回忆。

我是于逊清宣统末年一个春天,由交通困难的陕西,匹马单刀来到所谓得风气之先的上海求学,也是我当童子时代破题儿第一遭的长途旅行。到了上海,已是夏初,各学校早已过了入学试验的期间,于是一面自修补习,一面物色学校,匆匆数月,已届各学校暑期招考新生时期,买了一份报,要了几份学校的章程，反复比较，加以考虑，只有复旦公学所标的宗旨，适合我的志愿，于是我就拿定了主意，投考复旦公学的中学班，记得考场好像是在上海某地借用的，盼到揭晓，幸获录取，等到开学的前两三日，我就准备迁到吴淞学校寄宿舍去。记得由蕰藻浜下火车，雇了一个挑夫，沿火车轨道旁边步行，约有半里之遥。到一所紧傍轨道南边三开间的楼房，同校役一答话，他就十分殷勤，将我导至楼上东边一间大房子里，选了一张床铺，同房子里已有几位同学，先我而来，我究竟是一个内地里初出茅庐的大孩子，一举一动，总觉得受各位比较时髦的同学小觑，可是在短短的数日中，情形就为改变，我已发现同房的同学，不但不小觑我，并且以诚恳的态度，时常与我接谈。我不会讲当地的土话，他们告诉我那是"弗要紧""呒关系"，我的话，是生硬的陕西渭南土话，他们竟称誉我能说"顶刮刮"的普通话，还要跟我学习哩。我自己也觉得十分可笑，但是精神上，自然是感到非常愉快。我尚记得当时与我同房间的同学，有两个苏州人，一个是钟声高而瘦而黑，一个是闵辛吾矮而肥而白，他俩每天讲话，讲的"好听得来"，还有一位宁波同学司徒勋，终日"阿拉阿拉"不绝于口，此外还有一位姓雷的同学，日夜朗诵英文，不大喜欢讲话，大有奔上英文文学家前程的趋势。

　　我们的学校课室，就是借用跨在铁路轨道北边提台的行辕，两扇大门上涂的是秦叔宝和尉迟恭的武装像，进门以后，排前排后有矮小的房子多间，就是我们的课室。开学的那一天,记得是朝暾初升的时候,马校长相伯先生特向同学们训话。马校长当时不过六十多岁,头发已转苍白,但是精神矍铄,慈容可掬,第一次见面,就给我深深地印下了一个祥瑞老人的印象。教授中给我印象较深的一个是李登辉先生,仪态整齐,举止健捷;一个是平海澜先生,头发梳得光亮,留了一点小胡髭,讲起话来,平和稳重,表现出一个十足的老师样子;更有一位是我们个个称奇的教授,就是现今的监察院长于右任先生,为什么我们同学对他称奇呢?因他是国文教授,所选择的教材,大半是刺客列传,这个举动,出现于君主专制时代的堂堂学府中,岂不令人称奇吗?记得于院长当时已蓄胡髭,寥寥几行,尚不能担当美髯公的徽号;他的容貌清瘦,眼睛深圆,所着的布大褂,仍与今日所着的无大差别。

当时我们的学校只有中学与大学预科,尚未设本科,我的功课中,国文有时博得教员的奖励,惟英文较差,记得教员询问英算答案时,特别苛刻,对各位同学,丝毫不假辞色。但是对我的态度,是比较宽大,固然是因为方言有点隔阂,但我总觉得故示宽大,隐然有鼓励内地学子的用意,这就是我们中华民族传统的美德,随时随地都可表现出来。话说回头,我们的同学,是大半住在寄宿舍望,我所住的房子的西边,尚有两三幢相同的宿舍。校舍的东边,就是大体操场,足球是我们多数同学最嗜好的运动。当时的吴淞镇,是十足的有欠清洁,同学中罕有涉足其间的。循铁路轨道东行约半里许,即到炮台湾,那就是中国公学的所在地。他们有高大的洋屋,雄峙江干,我们于饭后课余,常常散步至该处江干,时而天朗水清,望望远行的船舶,时而怒涛狂吼,浪花四溅,壮壮我们搏斗的精神,我们的孩子气十足,在心理上总觉得自己的校舍简陋,但从不愿走近中国公学的校舍,让他们小觑我们。我们的校舍,设备虽然简陋,但我们读书的精神,始终活跃,绝不肯让人一步。

我们学校门首并未设火车站,但铁路当局与我们学校之间,似乎有一种默契,来往火车,总要张望一下,假若有人招呼,定会停留片刻,以便老师同学们上下火车,这是相当的便利,而住在寄宿舍的同学,又是十分自由;记得当时的上海,南京路上尚有多幢破旧民房,但是已经够相当的繁荣,可是我们同学,大都埋首书案,以求造就,绝少有人虚费光阴,抛弃金钱,无故前去上海作流浪无谓的生涯,这是当时我们学校的校风。一言以蔽之,我们的校长,是庄严慈祥;我们的教授,是仪态整肃。我们学校的精神,是建于革命思想的基础上,是要从简陋的环境中,创造庄严伟大的新生命,这是我简单的回忆。现在我们多数的同学,能以不屈不挠的精神,深入各级社会服务,并且能表现出奇异的成绩,大多由于昔年在校中培养有素的功夫,决非偶然的事实。我很希望后起的同学,对于我们学校的精神,继续发扬光大,顾名思义,那才不愧"复旦"二字。

复旦历史上的校董会

圣 泉

90周年校庆期间,我校将隆重成立"复旦大学董事会"。这是我校为充分依靠社会各界力量,推进学校事业发展而采取的一项重大举措。

值得一提的是,在复旦的历史上,曾经有过董事会。复旦公学在1905年创立时,系公立学校,不仅接受官府监督,而且得到地方士绅赞助。这些人士虽无董事之名,却有董事之责,负责向外募款,对学校行政则不干预。辛亥革命后,复旦公学改为私立,这时建立了董事会,作为学校的最高权力机关,董事有孙中山、于右任等。董事会的任务,主要是聘请校长,筹集经费。1917年,复旦公学升为大学,董事会有所扩充,董事也分为名誉、评议、顾问三种。1927年以后,校董会组织方式有所变动,一部分校董由校长聘请,一部分由同学会(由复旦毕业同学组成)推选。1933年重订校董规程,规定校董会由15人组成,校长为当然董事。抗日战争胜利后,复旦董事会取消。

复旦春秋

第一回 挑灯夜叙歌作啦啦
焚香静听音成当当

忙里闲人

话说在这个很整洁宽大的院子里,聚集的人,男女老少,中西装都有,虽然男女年龄有别,但都显得十分和气。在灯光下,照见两个圆桌面,十分拥挤的坐着有二十多人。白酒的气味透满全室,大家都一杯杯往嘴里送,一忽儿赵老大哥述完站起来,矮矮的身材,在灯光下更使大家看来他是十分可亲可爱,便说:"以前我们和别大学赛球,每战必败,没有办法,后来大家想出来一个法子,就是组织啦啦队,那时兄弟也是队长之一,啦得非常起劲,结果我们大胜特胜。"说完以后,赵大哥又喝了一杯酒,酒意微上,兴趣更好,于是大家要求大哥再来一次啦啦队,那位大哥笑颜微展,在大家拥护之下,感到情不可却,一声可以,有好几双手抬过方凳,适在圆桌旁

边。大哥站在凳上,提高喉咙,大家都肃然站立。大哥演习一回,酒意使他站不住腿,一用劲,便把身子坐在桌上,西装裤后面,染得满是油腻。这样的声震屋宇地喊了几次,大哥醉眼迷蒙,经大家要求唱了一出老生。大哥家里烧鸭,是昆明城中无人不晓,那天桌上放着的全是鸭子做成的菜,细数一下,竟是每人吃了一只肥鸭。在这个聚餐中,还有特殊别致的事是程午家同学,抱着一把古琴,被逼必须演奏一曲。但是要听古琴,原有三个条件,一是洗手,二是焚香,三是闭窗,这三件事最可以办的是焚香,香气缭绕中,琴声幽扬,初听沉月落雁,再听大江东去,大家鸦雀无声,正是此中别有一番滋味,欲知后事如何,且听下回分解。

(编者按)此项复旦春秋,并非是各忙里闲人之某同学的专利,凡各同学,有兴握笔或高兴写些时,均可独成一章,本刊当尽量刊载也。

第二回 夏坝寨上好汉聚义
校友节中大哥点将

无事白忙人

日前自乡下回昆,见报载校友会已经刊行西南通讯,即去讨来一份,正想要走,突然邹大哥(枋)下令要我写点回忆之类的东西,大命到头,不胜惶悚之至,推却不了,写又不能,辗转想来,有了:

话说五月五日为复旦校友佳节,每年此日翔殷路上塞满了红男绿女,不分老少,一个个眉飞色舞,喜形于色,握手寒暄,忙极一时,这只不过是江湾英豪集会的常态,暂且不表。单表大中华民国卅二年五月五日佳节又到,家家好汉,却都到大寨聚议,适逢新换寨主,景象早有七九分不同,号角未响,众家兄弟早已分班坐定,一霎时炮鸣号响,章大哥率着各班码头大爷入场,宣布开会,才发言,就说:"……今天是校友至上,为要使众家兄弟瞻仰,各位至上的校友兄弟特请各位好汉(校友)登台说几句话,兹因人多时短,规定每人说话以两分钟为限,万一不幸而有人超过时间,为尊重至上起见,也不阻拦。"

首先被邀发言的旧寨主吴大哥南轩开口就说:"……刚才跟章校长在休息室中谈起来,章老兄说'复旦的校长,都是长命的,马校长活到一〇一岁,李校长至少会活一〇二岁,你(吴校长)定然要活一〇三岁';如果照此说来,"吴校长张大了眼睛,指着章校长说,"你老兄必定要活一〇四岁。"(全堂鼓掌大笑)。

继之而起的江苏医学院院长胡定安上台说:"刚才听到章校长说,今天是校友至上,那末我要说'来宾至下'对不对?我是跟吴校长一道来的,"胡笑了一笑接着说,"途中吴校长谈起今天是姑娘回娘屋,我(胡)问吴校长,那么你的身份呢?可不是姑太太回娘家了?(哄堂笑起)不过——"胡郑重地往下说了,"——现在是要定老兄(幽默地指着章校长)的身份了,(众家兄弟哄然)……关于这个,还是请诸位来决定吧!"

继后点起将名,各好汉相继说了,有一言三语就下来的,有大吹大擂的,俱不在话下,正在精神不集中时,座中有人议论,近来复旦日有进步,此点可从校长的家庭来说:马校长无妻、子、女;李校长妻亡,女丧,而无子;吴校长有太太,有女而无子;章校长有太太,小姐,少爷!真是一代比一代进步。章校长必定是和太太双双到老,儿孙满堂的啊,大家拍手。欲知后事如何,且听下回分解。

第三回　忆旧事校长谈古
　　　　作画展教授论今

小　萍

却说在昆明的同学,日前突来一客。不说此客则已,说起此客来头甚大,此客为谁?即母校文学院教授兼院长伍蠡甫老同学,随身带了一箱书画,老友相逢,自然免不了喝酒,何况是文学家到昆。当由荣任昆明某校校长之陈同学作东,邀请若干老友,酒逢知己三杯醉,大家多少有些醉味儿,于是话匣大开,纷纷谈起,谈古论今,毫无顾忌。

当时坐中客人甚多,大家说一,本人就说:"一直在昆始终持同学会的热心同学是陈保泰同学。"说到这里陈校长绝不让人,便说昆明同学中有两位副经理先生,一是在新华银行的李养性,一是市民银行的杨成勋。接着有人说起,"齐云同学夫妻连同小姐三人均在复旦读书。"伍大哥说:"听说昆明有四位复旦简任官是谁?"有人接着说:"是公路局长,地政局长,图书审查处长,合作处长。"在下又说,四对夫妻复旦,为齐云、杨家麟、李养性和盛斯谋。接着又有人说起过去的四大天王、四大篮球健将。说到五,大家想到土木系有沈天骥、张宗安、钱祖扬、单柄浩、李昌连等五位同学在昆,同时又有人提及五月五日母校校庆日,应该如何庆祝。说到六时,有人说,母校迄今,共有六位校长,便是马相伯、李登辉、郭任远、吴南轩、江一平、章友三,大家拍掌称善,一提到校长,各人把以前的事都想起来了。有的说以前住在地保家里的情形如何;有的回忆起阿华店的云吞味儿;有的回忆到以前第一年男女同学时的如何希奇古怪;有的回忆到如何拿着手枪捉小偷。此说彼接,东止西起,最后,醉的送回家,醒的笑回家。正是:巴不得"东风赐予周郎便,赶回江南访二乔"。要知后事如何再听下回分解。

第四回　女同学喜述夏坝
男校友爱谈东宫

小　萍

　　闲来无事漫步坡上忽见花枝招展地来了一位小姐,看来有些面熟,凑巧和这位小姐同行的,是平时极熟的一位同学。一经介绍,方知也是同学,同学相逢,自然十分欢喜,于是进到室内,得知这位女同学,方自夏坝而来,乃询问夏坝情形,略知其中一二。夏坝女生宿舍,近来宫禁最严,每晚于十时后,由女生舍监,率领强健女仆两人,按时下闩,并且加锁。

既防外人入内,复防内人外出,一举两得极为得计。此项铁锁,闻重三斤半。并于日间,由训导人员详加心理指导,说明女同学把恋爱当作吃橄榄越嚼越有味,男同学把恋爱当作吃辣味,吃过完事。吃过辣味的每每上算,吃橄榄的每每上当。加锁的道理,即在乎此。同时夏坝江边,怕有心理上的魔鬼出现,为免除受些冤气,故夏坝各方群认以加锁为宜。好在女同学如有恋人,不妨带到心理老师面前,请其看相算命,看看算算这个小子是否可靠,如果可靠,则吃一下橄榄是天作之合,否则心理老师当依据心理原则,予以指导。复旦校风,向来如此,毕业以后,同学结为夫妻,天下美事莫过于此。真是人人羡颂,个个称赞。但在学校时,最好只通通信,大家预存了心思,如果好得太热,离开学校以后固然是一件十分快意的罗曼故事,但是在校时多少有些不甚方便,应该加以注意,不可太露痕迹,男同学相见一起,往往谈起东宫。当母校在江湾时,东宫之名几乎在全上海,无人不晓,无人不知。在东宫极盛时,曾排有东宫十二金钗,黛玉是季伯英先生之女公子季婉宜小姐,因其身体孱弱,风度适宜。宝钗为黄右郢先生之女公子黄维佑小姐,态度大方,身健体壮,此外元春为梁硕父先生之女公子梁培澍小姐,此外如万婉瑞等女同学,均列为金钗之一。现在事隔十余年,或已出嫁,儿女成行,或已物故,空凭吊祭,诚是"不堪回首话东宫",而一般男校友,会遇一处,还依旧提起东宫,浓兴未减,一经提起,都把自己的年岁减短十年至廿年不等。在昆明,遇见齐大哥云在场,一提旧事,齐大哥更能历历如数家珍,把某人和某人如何相识,如何相求,校方如何干涉,如何绝处逢生,如何化险为夷,如何完成美姻,除了他自己和李韵涵同学的一段史实未说外,其余的都可尽量供给资料,信手写来,本回快近千字,自己亦不知所云,正是"还似旧时游上苑,车如流水马如龙",欲知后事如何,请听下回分解。

第五回　球赛三十九对三十六
　　　　游园羊红花与紫葡萄

寿　庭

　　每年五月五日,翔殷路上,车水马龙,徐家汇李公祠,亦系男女校友济济一堂,全校师生是日无不欢欣鼓舞。各校友均复回娘家探望,校中并举行球类比赛,同乐会,欢迎会,以欢迎毕业校友,尤以是日东宫开放,任各校友自由参观此陈设不同、布置绮丽之闺阁,咸具无限兴趣。旅安校友,回忆及昔日之盛况,虽在异地,逢此佳期,亦均欲有所举动,以资纪念,适以天气晴朗,因先期邀大夏大学同学会,举行篮球友谊赛于民众教育馆"之风"球场。结果以三十九对三十六之比,复旦获胜。因在十字贴有欢迎参观之广告,并公布球员姓名,故观者甚为轰动。比赛进行时王老同学赞卿兴趣至浓,虽鬓发斑白,犹手执有旗,在旁呐喊助威,加油不少。球赛后由李光宗同学在新会所设宴招待各同学。席间首由张丰胄同学致词,各同学并起立举杯同欢,遥祝母校进步,同学康

健，同时报告已发通电及建议五项，邮寄母校。是日适汪同学尧田，因奉派往远征军工作，便道过安，亦曾参与盛会，对母校近况，详为报告。各校友闻之，莫不引为欣慰，尽欢而散。

　　李光宗同学在西城畔，办有果园一所，出品中以"翠肝色花红"色香俱佳，驰名黔省，他如玫瑰葡萄，璠桃，及雪梨等亦均系难有之佳种，择于八月十三日趁果实丰盛之时，特邀各同学举行游园会，并欢迎携眷前往。是日下午三时各校友均联袂而至，散坐于绿荫之下，清风徐来，畅叙往昔，口啖鲜果，阅张丰胄同学携来之《西南通讯》及一《西北通讯》，藉知远地校友之佳况至为欢愉。羊肝色花红肥了同学的嘴，至今犹有余香也。此回复旦春秋，全安顺景色，欲知后事如何，且听下回分解！

复旦大学的《诗经》展览会

郑逸梅

我国的文学遗产,以《诗经》为最早的一部诗歌总集。尤其是国风,反映了古代人民的遭遇及要求,具有人民性和现实主义精神,在文学史上占有崇高的地位。因此,上海复旦大学中国文学系特地举行了一次《诗经》展览会,陈列的有数百种之多。分石经、训诂、传笺义疏、问辨校疑、通解统说、考异补佚、杂录笔记、音韵、名物、图谱、评文释例、白文联语、谶纬、三家诗之属,为十四类。有木刻本,铅字排印本,蜡印本,手抄本,兼收并蓄,可谓洋洋大观。原来这些书,都是金山名宿高吹万毕生精力所搜藏,最后归诸公家。吹万名燮,为高天梅的叔父,居金山县张堰镇。他在秦山之麓,辟有闲闲山庄,池亭水榭,曲栏长廊,布置非常雅致,又复凿石引泉,开窗延翠,他老人家婆娑其间,确有南面王不易之乐。他又主持国学商兑会,发行《国学丛选》,与一班名流耆旧相往还。四方宾客到他山庄,他总是鸡黍款留,下榻旬月,有当年孔北海之风。山庄中藏书三十余万卷,供客浏览,《诗经》便是三十余万卷的一部分。直至淞沪抗战,他的家乡受到威胁,不得不举室迁避,三十余万卷书当然不能携带。他笃爱《诗经》方面的册籍,虽有数百种,也就顾不得累赘,带了数十箱辗转逃难。后来日寇在金山卫登陆,他山庄的藏书,悉数被捆载而去,《诗经》部分,幸而携出,尚得保留。

  吹万老人为海上寓公,初居海格路(今为常熟路),题名格簃,继迁福州路的湖楼,即从前袁翔甫杨柳楼台的故址,特辟一室,储藏《诗经》。他请友绘成风雨勘诗图,征人题咏,现藏其文孙高铦处。前人说:"诗,正而葩。"他又自号葩翁,有时作葩叟。卧榻前张墨塌的"思无邪"三个擘窠大字,无非取义宣圣所称崇的三百篇。他所刊的《望江南词》有云:"山庐好,虽好不思归。劫后残书聊可读,穷来赁庑尚堪栖,故里且休提。"所谓劫后残书,即指《诗经》一类典籍而言。他对于《诗经》的研究和珍视,于此可见一斑。奈晚年精力日衰,惮于整理,看到国家领导从事文化事业,不遗余力,也就乐于让给公家,由复旦大学图书馆保存,这种处置,确是千妥万善呢。

复旦剧社的经过

吴铁翼

（一）始创

在十年之前（一九二五）的秋季,本校将举行一次同乐会,那时爱好戏剧的吴发祥(现驻荷领事),卞凤年,袁仁伦(现大美晚报编辑),陈笃,曹衡芬,几位发起了"复旦新剧团",为这同乐会排演了两个独幕剧,一个是《青春的悲哀》,一个是本社社员徐日钰所著的《春假》,剧团的指导是洪深先生,但是洪先生那时正忙着在戏剧协社排戏,没有工夫兼顾这两出戏的导演,于是介绍了戏剧协社的应云卫先生担任导演的职务。在应先生排导之下,这两剧演得都很成功。"复旦新剧团"就是"复旦剧社"的雏形,不过那时还没有女演员。

此次的成功增加了社员前进的勇气,在一九二六年的春季适逢本校二十周年纪念,有一个很大的庆祝会的举行,于是新剧团排了《咖啡店之一夜》等剧,演员是马彦祥、袁仁伦等,这次开始有女演员沉樱女士的加入。

自从马彦祥主干"复旦新剧团"之后,早抱了很大的决心,预备勇敢地努力干一下戏剧运动,召集全体社员开了一次会议,讨论剧团的组织和进行,他们首先把"复旦新剧团"改成了"复旦大学复旦剧社"(简称"复旦剧社"),因为会议地点是在简公堂 AI 教室举行的,于是英文社名便定做 AI Workshop,以作纪念,组织完备之后,筹备公演《同胞姊妹》、《白菜》等剧,时在一九二六年的秋季。

1927年春季剧社应校中同乐会之敦请,排演了《私生子》参加。这次公演之后,社员又增加了不少,如蒋汝堂(现本校会计主任)、吴文庆(现本校军事教官)、陆庆森、包步云、曾观涛、丁光平及李莲女士等,他们分任职演员,共同努力这《私生子》的演出。

《私生子》产生之后,因为离开放假的日子还早,便继续又筹备一次公演,所演的剧本为《父归》等剧,这是剧社第五次的试手。

一九二七年秋季那时洪深先生正担任教授外国文学系的课程《戏剧编撰与演出》一课,选此课程的同学每人要写一个独幕剧作为报告,洪先生在这中间发觉了朱端钧的《星期六的下午》可以上演,在开同乐会的时候便把它搬上了舞台,这次公演时吴衷民、胡侠、宋绰云等都加入了剧社。

(二)初兴

一九二八年的春季洪深先生亲自到剧社里来排戏,剧社

因此又有了一番新气象,选定的剧本是三幕喜剧《女店主》,演员是由马彦祥扮茶役沉樱扮女店主,鸿寿、唐玄凡二君扮警长、政客,杨善鸿扮军官。费了很长久的时间排成了这剧,在校内体育馆正式公演,把前面的几次一算这次是第七次的演出,便定了这次是第七次的公演。

洪深先生组织"剧艺社",用"复旦剧社"的演员帮助《赵阎王》的演出。"复旦剧社"的社员也藉《赵阎王》而为社会人士所重视。所以社员朱端钧便很高兴地将《寄生草》三幕喜剧改译出来,这年秋季开学之后,便开始排练这《寄生草》,导演仍是洪深先生,演员有金衷愉女士、高葩莲女士、唐玄凡、杨善鸿,出演成绩很佳,尤以金衷愉女士为最,这次是复旦剧社第八次公演。

一九二九之春,剧社全班人马到杭州去公演,这是剧社第九次公演,上演的戏是《寄生草》、《女店主》及《同胞姊妹》三出,在杭州上演因场场客满,愈使社员兴奋,后台的事情却很麻烦,如马彦祥气哭了高葩莲。高葩莲因之罢工回了上海,在时间迫切之下又把高葩莲由上海接到杭州上演。

杭州回来,便筹备萧伯纳的《英雄与美人》的上演,预备美人一角请胡蝶客串,她也允许了,可是结果未见实现。(以上是由老社员吴文庆口述的)

(三) 全盛

当包时和我加入剧社正是一九三○年的春季,剧社公布

筹备，曷斯当的《西哈诺》、亚赛琼斯的《说谎者》和《煤气》，但因时间关系，只能把五幕诗剧《西哈诺》和观众相见。

《西哈诺》经一学期的排演，洪深先生集中了精力用在这剧上，由马彦祥唐玄凡及梁培澍主演，又有赵聚钰、吴衷民、方立祥、王震寰、萧逸山、林楚君、孔包时等七十余人助演，女演员中如季婉宜、杨秀娟、范桐璋、李莲、李清泉、张徽仪等廿余人参加，演员之众多、布景之伟大、灯光应场之完备均系空前未有，费资数千元之巨，在大考前一夜上演于体育馆，同学观众多带书到场，一面磨枪，一面看戏。

校内试演后，便租了上海新中央戏院公演，一切筹备就绪，广告发出之后扮西哈诺的马彦祥忽然患病，为了对观众的信用计，决不能展期，于是百忙中的洪深先生只好代替马彦祥出场，他不得不费了两天工夫背熟了剧词，公演第一场的"西哈诺"由马彦祥变为洪深先生了。

洪深先生在第三幕里演的《西哈诺》由阳台上飞身跃下的一场，为了对戏剧的认真，不惜冒生命的危险，由丈余高的阳台跃下，竟跌伤了踝骨，忍痛演到落幕，前台观众在满意地鼓掌，台上却发生了非常不幸的事件，洪深先生竟不能动了。

经过了七手八脚的一阵按摩之后，幕又开了，洪深先生支持到演完，然而他已变成了一个跛子了。

一个西哈诺抱病未好，一个西哈诺新创又生。第二天演不出是意中事。无人不急得什么似的。然而马彦祥这时也不甘卧病，愿负疾出场，于是西哈诺始能继续与观众相见。

《西哈诺》成为轰动一时之作,然而复旦剧社结算下来却赔了千余元。因之下学期也未克上演。

一九三一的春天本校又有周伯勋发起了一个"时代剧社"筹备公演,"复旦剧社"同人不甘寂寞,也决定举行第十一次公演。选定了朱端钧改译的《说谎者》,可是世无不散筵席,像那苦口婆心在哈佛教授戏剧的倍克教授终有离开哈佛的一日,而我们的洪深先生那时也离开我们而他去了,在这剧社无主的时候大家便请了朱端钧先生担任导演。

"时代剧社"在游艺会参加表演,演员有顾得刚、周伯勋、范桐璋、熊芝兰、陈大椿等,而复旦剧社终于正式地在体育馆上演了。这天晚上四幕喜剧的演出,把台下的每一个观众心弦都打开,笑声不断,博得不少好评,社员们也庆幸这次没有失败。演员有唐玄凡、吴衷民、李莲、李清泉、吕曼云、孔包时、吴铁翼、李安甫、杨守文、吴文庆、金咸玠。职员有李钟麟、龚以炯。

秋季预备排演的时候,外患迫来,九一八炮声响了。社员为了参加抗日运动,于是便停止戏剧的活动。

"一·二八"以后为一九三二之春,"复旦剧社"因了局势紧张,未便做爱美戏剧的公演,但社员也曾做了许多抗日宣传的表演。

一九三二年之秋,为了替东北义勇军筹募接济,本校军事委员会主席林继庸先生令复旦剧社表演募捐,剧社同人义不容辞,便由林继庸先生主干之下,努力地完成了这第十二

次的节目。

第十二次公演的剧本有《胜利》,是包时、铁翼、周静采女士、林慧昌女士合演的。《蠢货》是张淑婉、包时、陆庆森合演的,田汉的《战友》是周玄凡、张徽仪、鲍幼晖、张昆玉、杨守文、余一萍、周静采、吴文庆、吴铁翼等合演,在校试演一场,又到湖社公演了三天,田汉及文艺界多人来观。这时洪先生已由津返沪,看戏之后颇多称赞,并设宴于陶乐春奖励同人之进步。

同季全班人马开到杭州,上演了三天,在杭上演,演员剧目均略有更动。办事上出力者有吴文庆、包时、李钟麟及钱浩夫妇。

一九三三年之春,洪先生《五奎桥》脱稿,剧社首先得上演之允许。由朱端钧排演,排演月余,扮乡绅之唐玄凡因事离沪,乃情商袁牧之客串此角。这剧主演者为包时及周静采女士,配以吴文庆、杨守文、邓道周、李钟麟、胡会忠、吴铁翼、吴元恺及同学、校工等六十余人。总务为杨守文,券务为李钟麟,参加帮忙者有应云卫、欧阳山尊诸先生。上演时轰动一时,洪先生之剧本,朱端钧之导演,包时之演技,袁牧之的化装,均为人所称颂。因耗费宏大,营业收入虽多,却亏空了五百元。

这年秋季,剧社应常州同学会之请,赴常公演,因女演员缺乏,敦请了王莹女士参加表演。所排演节目为《压迫》、《蠢货》、《月亮上升》及《求婚》等剧,演员以王采之女士初上舞台

演技甚佳,殊为观众称赞,此行复旦剧社获得常州中山纪念堂银杯一只,这是第十五次公演的成绩。

(四)衰落

一九三四年春,热的社友自动地产生了,一个欧尼尔名作《琼斯皇》,因设备缺欠,不能迎合观众,演出上却遭了一次极大的惨败。可是这次开支樽节,营业结果倒收获了六十余元,这次职员是李弗堂、刘莹、杨守文等。

是年的秋季,于是又重整旗鼓准备公演,但是因了历届的亏累,经费的缺乏,终至于办事上的束手,兼因女演员的缺乏,许多剧本不能上演,开始排练《死前的欢笑》不多日子,又复作罢。最后仍是约请了新从东瀛回国的王莹女士,爱国女学的白淑芬、唐金玉,立达学园的吴宝龄几位女士来参加本剧社的第十七次公演,所演的剧本是《可怜的裴迦》、《压迫》和《约翰曼利》。截至此次公演一共有了十七次,时间也有了十年之久了。

(五)复兴

为了纪念复旦剧社十周的庆祝,同人在一九三五之春季开始筹备第十八次的演出,因选剧本也费了不少斟酌,后来商请应云卫先生来校导演,依应先生的意见,选用了王文显著、李健吾译之三幕喜剧《委曲求全》。

应先生因忙于电影的工作,时间关系排戏有数次在夜中进行。我们也牺牲了不少睡眠,甚至次日将举行婚礼的余一萍,为了排戏也迟至次日清晨才退。社员们的热心,促成了《委曲求全》演出的优越。未经试演即公演于卡尔登大戏院。演员有顾得刚、吴铁翼、张庆第、封凤子女士、余一萍、沈崇教、公孙旻、丁伯骝、胡会忠、程式昌、吴文庆等十一人。职员有刘玉莹、褚应尧、余也愚、蒋绳荪、段铁苍、吕明诚、曾庆忠、段懋、方德先、张人杰、颜泽夔等,在卡尔登大戏院上演四场,观众尚多,演技大受称赞,同时随场奏乐之本校弦乐队亦很得好评。营业方面因戏院租费太昂,得不偿失罢了。

为了弥补损失,社友决心在学期终了赴京公演一次,因演员顾得刚因事不克离沪,演员不得不略有更动。在世界大戏院上演,观众甚踊跃,客满了许多场,颇极一时之盛哩。

此次在京演剧,悉本校同学会之襄助,但本社职员之努力,尤以蒋绳荪、刘玉莹、丁伯骝,办事上极为尽职。

美中不足的就是这远足公演,筹备得匆促,诸多环境关系,虽尽力樽节,开支仍是非常浩大,可是转想空手而去,倒还没有亏本,也算不幸中的大幸了。不过那些历届积留的赔累仍是无力偿还,只好等我们下次的努力了。

复旦剧社已有十载的历史,和十八度的公演,虽然还没有过什么伟大的成绩,可是在学校剧团里,还敢不脸红地说,我们是努力地研讨着舞台技术,至于别人称誉"复旦剧社"为学校剧团的牛耳,未免愧不敢当。不过我们还知道"复旦剧社"有"复旦剧社"的观众,所以我们不能放松,继续地在迈进着。

《雷雨》的演出和它的两位主角
——怀念索天章先生和冯惠端同学
芮鹤九

抗日战争时期,学校西迁重庆北碚对江的夏坝,工作、学习和生活条件都十分艰苦,但文艺活动未曾中断。抗战胜利,学校复员上海之前,一九四五年冬,复旦剧社举行了一次曹禺名剧《雷雨》的演出。

当时扮演主角周萍的是外文系讲师索天章先生。索先生清华大学出身,西南联大毕业后应聘来校任教。他高挑身材,一口地道的普通话,扮演风流倜傥的翩翩公子,恰如其分。扮演另一主角四凤的是外文系同学冯惠端,她虽是广东人,但普通话也说得很标准。胖胖的身材,圆圆的脸庞,可说是四凤的最佳人选。周朴园一角由西北大学毕业的外文系助教夏照滨先生担任。

由于这几位深厚的文学艺术素养及娴熟的表演技巧,这次演出获得很大成功,这也跟当时剧社社长汪彝中同学的热心奔走,为演出服务分不开的。

一九四七年惠端毕业后，终于与索先生结婚，可说是假戏真做，有情人终成眷属，受到全校朋友们的祝贺与赞美，大家都一致称赞他们二位是真正的"天作之合"。

时隔数十年，一九九〇年笔者去上海江湾复旦宿舍看望二位。当时索先生已经退休，惠端且已生病多年，她患的是一种神经系统的毛病：站立时不能保持平衡，走动时重心不稳，极易摔倒，因此长年坐在椅子上。但神志清楚，言语正常，毫无病容。那天我一进门，她一眼就认出我来，直呼我的名字。多年不见，我们当然有说不尽的话题。

这些年他们在上海，我一家在厦门，曾经有几次学术会议准备邀请索先生参加，终因惠端有病，行动不便，未敢遽离，而未能如愿。

一九九四年底，我给二位一封贺年信寄到上海。不久收到索先生由北京寄发的回信，传来惠端两年前竟因中风而去世的噩耗，使我们惊愕悲痛不已。她实在去得太早了。

索先生北京人，满族，北京的亲朋故旧甚多，现回故乡，安度晚年。他是大陆著名的莎士比亚专家。一九九二年笔者在台湾会见一老友，这位也是外国文学专家，他曾经在上海一次学术会议上得识索先生，他认为那次会议的论文及讨论中，唯有索先生的令他最为钦佩，留下深刻印象。

索先生多才多艺，他还是京戏的票友，曾经在复旦与周湘玲同学合演过《打渔杀家》，博得观众的热烈掌声。

北京是京戏的故乡，那里有不少票房和票友，索先生有些票界朋友,不时与二三好友会聚弹唱,也给独居生活增添若干情趣,女儿一家带着孙辈休息日来家做客,也多少能享受含饴弄孙之乐。

遥祝索先生健康长寿,晚年幸福。

忆复旦摄影学会

赵 沄

自摄影术输来我国后,国人习之渐众,至于今日,摄影已至普遍化矣。复旦向无摄影会之组织,有之,自民国十六年始。时予适来实中,得同志数人,研习之余,于是有组织"实中摄影研究会"之举。其时大学部如聂光地周逖王仲枢等之先辈,亦组织"复旦摄影学会",并宣告成立,于是哥哥弟弟两摄影会,得同时辉映于复旦,以殿后日之基。顾当时弟弟年岁小,须仰丈于哥哥者殊多,故实中方面,时请大哥哥周君聂君为之指导,常作公开演讲,以增小弟弟之摄影知识也。翌年春予得聂君之招,加入为大学部会员,并当选为执行委员之一,从此得随诸先进之后,得益不少,即于是届合组举行第一次展览会,于辅庭图书馆,作品凡八十余点。当时各报均有评论,而郎静山先生于时报五月十六日之批评,尤为切当。复旦摄影学会之被社会人士所注意,于是时始。同时各画报亦以争先一刊作品为快。是年夏聂光地周逖等均得学士而去,继起主持者为王仲枢张安候余国琦及予等。此时,仍有一度之沉寂时期,故二届展览,始于十八年十二月举行之。然作品则加增至二百二十一点,实中则亦有十五点参加,总计两次展览,作品虽未能尽臻上乘,然印入于社会人士之脑海者已深,故二届开展时,参观者较上届多至数倍以上,声誉益隆。然历届作品虽众,而会内设备,颇觉不能完备充实为恨,顾限于经费,亦无可如何。会十九年春,校中将有二十五周年纪念会之举,应有美术展览一项,校中因无西洋画课,校方颇属意于影会,以资点缀。于是三届影展又应时而生,并得纪念会筹备会之资助,除尽量布置影展一切设备外,得以余资布置暗室,购置放大机及冲洗用具,从是影会内容,始称完备,而第三届影展并得与纪念会同时举行于图书馆云。盖此次影展,收集殊广,内容并有诸先辈精作。会后,不忍从此散佚,于是进一步有复旦摄影年刊之印行。其中收集精作六十六件,编辑则属于曹君祖光张君敏光暨予等,在未出版前,已预约过半,是足为复旦影史上留下光荣之一页焉。用将记忆所及,摘书一二,以就正于同人。

体育春秋

薇 公

第十回

祝捷会国权封王　锦标赛日琨立功
列国纷纷动刀枪　足球决赛万人狂
南洋约翰称劲旅　武艺终推复旦强

　　话说麦根路一场血战,南洋费了九牛二虎之力,好容易把崛起江湾的复旦打败了,胜虽胜了,经不起复旦主帅王麻皮率领众健儿横冲直撞,吼声起时,风云变色,铁蹄到处,血肉横飞,却杀得南洋队员,个个带伤,南洋学生,人人胆战,那一日回到校里,喘息才定,猛抬头,看见斗大的银鼎,高高的供在操场当中,从复旦抢来的战利品足球校旗等等堆积得像个小小坟山,苦尽甘来,不觉叫声惭愧,一阵欢喜,全校发狂,当夜开起祝捷大会来了。那天晚上,下院的雨中操场,布置得花团锦簇,灯光火把,照耀得如同白昼,上面高高搭起一座将台,将台正中,放上一把虎皮交椅,两旁椅子,一面五把,雁行似的排好。到了八时,上中下三院的学生,潮水一般的涌进会场,顷刻间把偌大一个雨操场,挤得水泄不通。大家嘻嘻哈哈,异常高兴,你一言,我一语,眉飞色舞地讲个不休,什么宁树藩盘球真灵,李定三打门真准,又是什么梁鸣浩沿边急进,一脚传中,申国权坐镇三关,稳如泰山。说起来,真是打了胜仗,自己将士,没一个不是孟贲乌获。谈到复旦,虽然极尽笑骂,却仍有些余悸,最可怕的是中坚王振声,狠起面上麻皮,满场乱跑,腿飞得比人头还高,好像不是踢球,是来踢人。大家正讲得起劲,忽听得一阵掌声,外面一连串走进雄赳赳气昂昂一十一员大将,于是欢声雷动,前呼后拥地把他们捧上将台。内中四个学生,不由分说,把申国权望正中虎皮交椅上一推,纳头便拜,旁边闪出两个太监打扮的,手捧珠冠黄袍,替老申穿戴起来,但见他头戴平天冠,身穿绛龙袍,端端正正地在虎皮交椅上坐定,两旁十员大将亦各各披上纸制的蟒袍,挨肩坐下。这时下面三脚两步走上个学生代表,站在台前,展开本子,朗诵劝进表,封申国权为球王,宁树藩、骆美轮、丁人夔、李定三、梁鸣浩等十人皆封列侯。满场山呼万岁,真是兴高采烈。申国权老实不客气,就称孤道寡起来,传下口诏,宣降将马德泰上殿。但见一人,头发梳得净光,脸上擦得雪白,身穿黑紫球衣,胸前洒一$字,肩挑绣花担子,满装大小皮球,走上台去,匍伏在地,口称万岁道,小的约翰队长马德泰,我在梵皇渡,圣玛丽亚的女学生个个相中我,今日战败被擒,特地前来进贡,谨献足球一对。话犹未了,忽见台下铁索锒铛地牵上一员猛将，生得十分丑陋，不知是谁，惟见身穿蓝白条子绒衫，中间有 F.T.U 三个大字，屈膝跪下，张开破竹似的喉咙道，俺山东王麻皮，天不怕，地不怕，只怕南洋申国权，说罢叩头如捣蒜，四肢抖战，面无人色。台下拍手拍脚，笑得前仰后合，被他踢伤了七八个人，吓碎了千百个胆，这一来总算出了一口恶气，封王典礼亦算就此告成。话分两头，书却平行，当南洋欢喜鼓舞之日，正复旦泣血椎心之时。却说复旦败了还去，哭了一场，振作起来，发奋图强，卧薪尝胆，加功苦练，对天立誓，终有一天，报仇雪耻，才肯罢休。有话便长，无话便短，忽忽过了两个年头，丙寅年的秋季，足球大赛，又开始了，那时东方八大学已经瓦解，复旦与南洋光华等发起改组了个江南大学体育协会，排斥了教会学校，加入了国人自办的公私立大学，声势益发雄壮，竞争格外激烈。南洋的阵线依然强盛，拥有周贤言、戴麟经、陈虞添等健将，野心勃勃，想要问鼎中原。复旦方面，虽然老将王振声、吴炎章、张锡恩都已毕业，小辈英雄，却也着实厉害，守门有沈永年，后卫有叶福祥苏炳泰，中卫有黄炳坤陆夙仞林仲芬，前锋有卞凤年余顺章钟风秀陈锦江胡仁阶，教练是球怪李惠堂，管理是赵五爷国煌，名将如云，谋臣如雨，个个铜筋铁骨，赛如煞神一般。开赛以来，克东南，降持志，平光华，殪中公，灭大夏，败暨南，声势浩大，十分威风。最后一仗，在天文台路，遇见了冤家对头老南洋。这一日，棒球场里，挤得水泄不通，复旦据南，南洋居北，两面看台，呐喊助威的啦啦队和外来看客足有万人，蓝地白字的小旗与蓝地黄字的尖角旗遥遥相对，飘扬空中，锣鼓队、喇叭队、竹筒队一齐吹打起来，未曾交锋，已经闹得惊天动地。未正三刻，场里奔进了二十二员貔貅，分据东西，对面站定，摩拳擦掌，准备厮杀。公正人是当年威振约翰的飞将军冯建维。银角一鸣，两阵对圆，好一场恶战，一时金鼓齐鸣，喊声震天，啦啦声调越唱越响，锣鼓竹筒越打越急，啦啦队长陈晁德着了奇形怪状的制服，奔来奔去，如痴如狂。复旦的十一员大将也就格外的奋勇，五虎平西，直捣黄龙，不到三五回合，便攻进了南洋的禁城。银笛一声，球场内冲进了千百个健男，只见蓝地白字的小旗，各色式的便帽和洁白的方巾，向空乱掷，满天飞舞，跳跃欢呼，足足乱了五六分钟，方才归队。列阵再战，南洋拼命反攻，一个个奔跑如飞，传递迅速，倒也十分了得，杀够多时，不分胜负，恼动了面如重枣眉如卧蚕的黄炳坤，一跃八丈高，奋臂大呼，带球直冲，如入无人之境，看看逼近球门，方待举足横扫，冷不旁斜刺里闪出个南洋后卫杨惺华，下个毒手，对准赛关公左腿上狠命的就是一脚，黄炳坤大叫一声，口吐鲜血，推金山，倒玉柱，跌倒在地，救护队赶快入场救了出去。复旦主将牛皮糖陆凤仞急忙把前锋下凤年调了进来，替代炳坤任了中坚，预备员徐曰琨出场补了老卞的缺，整队再战，不料伤了员大将，军心未免动摇，南洋戴陈二将，连成一气，乘机反攻，一连攻进了两球，复旦反居下风，一时却苦不能得手。卯正二刻，公正人鸣金收兵，休息片刻再战，上半时成了二与一

之比，下半时易地再战，满想收复失地，不料战到二十分钟时分，警讯再传，又失一球。这时，南洋的学生，喜欢得发狂了，爆竹噼噼啪啪的放个不休，军歌亦唱得越发响亮，以为牛耳是执定的了。闹得徐曰琨性起，放出当年中学时代在澄衷独打南洋球门的本领，夺得来球，抢步上前，盘过中卫线，避过右后卫，对准目标，狠命的就是一脚，周贤言待要迎接，叫声苦不知高低，球已入网。扳回了一球，复旦军心大振，啦啦队加紧打气，风头一转，五虎将出没南洋陆地，有如蛟龙活虎，卞凤年陆凤仞尽力接应，攻守兼备，杀得南洋只有招架，没有回手，混战多时，复旦虽然取了攻势，一时却亦难于取胜，看看手表，只剩十分钟，虽说扳回一球，比数还是三与二，若不再中，终输一球，心中十分着急。机不可失，时不我待，小火车陈锦江得叶福祥远传，开足马力，左路兴兵，南洋守将，休想拦得住他，带球捷进，将近底线，一脚传中，中锋余顺章接得，立刻传与右锋徐曰琨，徐曰琨更不延迟，举足就踢，打个正着，冯建维一声叫子，复旦又赢了一球。八百江湾学子，个个掷帽跳起，笑呀，叫呀，闹成一片，小旗满天乱飞，爆竹连珠价的放起，预先做好，卷起了多时未得一用的"征服南洋的得意洋洋"的大竹布旗，亦张了开来，飞奔着掮到南洋阵前，耀武扬威了一番，气得南洋学生脸上个个发紫，只得勉强鼓足了气，拉长了喉咙，鼓励他们的球员，快快放些辣手出来，赶快打进一球，锦标还可到手。看看表上，时候越发的逼紧了，只剩得五分钟，就要罢兵休战，打成了个平手，谁也不肯甘休,南洋发极鼓励,复旦努力助威,锣鼓声,喇叭声,竹筒声,啦啦声,还夹杂了噼噼啪啪响个不停的爆竹声,打的,吹的,叫的,放的格外紧凑,十一员大将,顿时勇气百倍,乘胜进攻,头顶足挑,左传右递,杀得南洋丧胆,胡仁玠右境发难,带跑带盘,其他四前锋,互相呼应,几个传送,又到徐曰琨脚上,一个鹞子翻身,举起铁腿就扫,说时迟,那时快,球出如矢,望左角下端急射,周贤言看来势险恶,扑地抢救,竟扑了个空,五虎将哪肯放松,一拥而上,周贤言急中生智,就地一滚,在网角里撩到皮球,就往外摔,冯建维何等眼快,奔上前来,手指一指,叫鞭一吹,判定球已过线,复旦又赢一球。复旦学生看得清切,不想临终一分钟,果真会反败为胜,这一喜,非同小可,正想跳入球场,大大的乐他一下,不料大开方便之门的周铁门老羞成怒,硬说球未过线,咬定公正人判断不公,竟迁怒冯建维,率领球员、学生直奔冯建维,举拳便打,举足便踢,飞将军见势不佳,避入复旦阵线,复旦球员一字摆开,保护冯建维逃出重围,翻过复旦看台,跳出篱笆落荒而走。一场大战,不欢而散,然而复旦的耻终究雪了,仇到底报了,奏凯而归,一路得意洋洋,校歌军歌一直唱到了江湾,正是

卧薪尝胆二十载　毕竟夺得锦标归

复旦公学吴淞时期校舍复原图记

喻蘅

复旦公学初假吴淞提督行辕为校址,自光绪乙巳(1905)至辛亥革命(1911)共历六年半。辛亥后学校一度中辍,校舍大部毁于兵火。三十年代,同济大学附中曾就其遗址改建为校舍,已非旧貌。由于无原始照片资料,缺乏详尽的文字记述,故吴淞时期校舍面目已罕为人知。1944年西北校友会吴念劬老校友曾在《西北通讯》第一卷第六期上刊登过母校吴淞时期校舍的示意图;1980年《复旦》纪念建校七十五周年特刊上,也曾刊登过笔者根据该图改绘之《初创时期的复旦校舍》,二者虽可给大家提供一点粗略印象,但并未做到准确地再现原貌。

最近,在大举征集校史资料的过程中,发现了几件与吴淞校舍旧提督行辕有关的具体资料:

一、《复旦公学一九一〇年下学期一览表》,记载了当时"就旧行辕房屋改修"成的房屋间数,计有讲堂8间,寝室大小21间,盥洗室4间,浴室2间,理发室1间,教职员司事仆役寝室大小 11 间,阅报室 1 间,理化室大小 3 间,会客室 1 间,厨房 1 间,储藏室 2 间,调养室 1 间,厕所 4 处。据此,可知房屋总数当不少于 60 间。

二、金通尹:《三十年前之复旦》(1937 年 5 月 5 日《复旦大学校友节特刊》),该文第一段《提督衙门》叙述了屋舍规模:

"当时的校舍,是一个提督衙门。门前一通照墙,两个旗杆,东西两辕门。进了仪门,是一个石板甬道,直前拾级而上,为平台,便到大堂,那时用作礼堂,也就是饭堂。两庑有二三十间平屋,遥夹甬道,东西相向,做课堂、宿舍、办公室。大堂里面,前后有三进平屋,正中后进六七间,是校长室、教职员宿舍,其余都是课堂及学生宿舍。有一个化学实验室。另外搭了几间板屋,做浴室、厕所、盥洗处,就在各宿舍的前廊。"

据金氏的记述,可估计出当时校舍总数与《复旦公学档案》所载之数字基本相符。而《西北通讯·示意图》作者说当时仅有二三十间房屋,显然不确。

金氏还简叙了校外租赁民房为学生宿舍的情况,以及卅年后他所见到的吴淞行辕残迹:

"里面学生宿舍不够住,又跨过照墙前的淞沪铁道租了怀远里的几个石库门三间两厢房屋和几间沿浜市房,做校外宿舍。宿舍东面空地做操场。现在的同济中学就是这个校舍的故址,遗迹存留只有大堂和平台的一部分,及他们用作女生宿舍的几间房屋。"

三、毛经学《赴淞摄取校史纪念片记》(1937 年 5 月号

《复旦同学会刊》第六卷第七、八期),该文详述 1937 年 4 月 28 日下午记者与金通尹、刘伯年、杨玉成同往吴淞同济附中访问母校吴淞故址情况:

"……淞站下车后,先往南访宿舍,记者与通尹对校外宿舍所在依稀想像,未能确切辨认,……继越轨而北,入同济附中,该校屋宇,盖就母校吴淞故址改建者,……左边旧教室前后两排,为以原校大礼堂(即前清提镇行辕)中加隔断辟成者,后埭平房,现为该校女生宿舍,乃母校创办时之课室也。……乃由杨君摄影二幅:一幅为礼堂西侧面;一幅为课堂正面,其东首短垣之外,系公共体育场,即旧日之操场也。今皆改观矣。"……"出同济,再往路南,觅校外宿舍故址,记者与通尹追忆宿舍位置,在旧校舍照墙东南,今照墙无有,而同济偏东面南短垣中,尚有大门在焉。仍依此方向由车站南行,入街市,折入东首里巷中,向南转,出协业里,里临小浜,审视之下,……确系当年怀远里之校外宿舍也。……"

上述档案实录、专题回忆、现场勘查材料和照片,有助于我们进一步了解吴淞时期复旦校舍的风貌。另外,还查到了一份《松江府志·图经》所附《提督署图》,据该书《武备志》:"江苏全省提督军门……同治十年重建官署,仍驻松江城,管全省水陆军务",可见吴淞行辕乃江苏提督军门设在吴淞要塞附近的下属军务衙门,其规模体制自不及松江督署,但格局当大同小异。上述各项资料,为笔者重绘《复旦公学吴淞时期校舍复原图》提供了下列各项可靠依据:

第一，各材料中有关总布局的描叙基本一致。

金通尹回忆吴淞行辕的格局如照壁、旗杆、仪门、甬道、平台、大堂、两庑及后堂、内廨等，与松江提督署平面图对照大致相符，唯前者只是"仪门"而无"头门"，也可见规格较低。又据金通尹的回忆后堂为三进，而杨玉成摄影时残存之大堂后檐与川堂前檐相连成双脊结构，据此可以确认此与大堂相连的川堂也可作为一进，故其后面只有二堂与后进了。这样与金氏"大堂后面有三进"之说并不矛盾。

第二，旧行署房屋的总布局是东西两边对称式的。

金氏谓"两庑有二三十间平房"，当系指自仪门至后廨两侧厢房总数而言。细审杨氏《三十年前复旦课堂正面》图片，乃摄自二堂东侧之耳房，有漏窗花墙将二堂与耳房隔开，别为院落。从画面门窗柱头位置，可推知课堂（耳房）应为四间。按我民族古建筑传统格局，大都是对称均衡的。则二堂之西半侧亦应为耳房四间。

同样根据杨氏图片分析，上述耳房前有一角天井，中间为圆形花坛，周以小径，外镶直角，其东北直角之东边缘与耳房走廊垂直，与花墙平行，画面右角有一晾衣竿状向前撑出，可知面对花墙必有与耳房垂直的厢房。此亦可从杨氏摄影角度及其立足点来衡量，因杨氏立足点当在与耳房走廊等高之偏北位置上，视线适中。故无疑此处有东厢房，照片即在其走廊上所摄。并可推知此厢房当不少于五间。同样理由，二堂西半边之庭院厢房也应和此东半部基本一致。又据毛经学所

述:"(课堂)东首短垣之外系公共体育场,即旧之操场也。"则在耳房与东厢两头之间,应有一段短墙相接,有门通往操场。

第三,大堂东西两山墙之下,有短墙与内廨相隔。

按杨氏照片(二),为吴淞时代大礼堂(即行辕大堂)西侧面,有约高二米之院墙与该屋之山墙相接,没有耳房。则大礼堂东侧当然也是相称的格局,同样为短墙。

第四,房屋造型并非大屋顶。

杨氏照片(一)(二)所示,均为普通硬山结构。而旧作"示意图"均画成堆山大屋顶,是不正确的。又照壁应为一字式,无石狮,旧作"示意图"画成八字照壁,石狮一对,也不合实际情况,应予改正。

旧官署祠宇建筑的硬山结构,屋顶正脊和垂脊都很高大,且有兽头鸱吻及砖刻或灰塑装饰,江南官署祠堂的大脊设计尤为丰富多彩,而杨氏照片上正脊很简陋,甚至无垂脊,很可能是劫后重建时节省经费而大加简化了。在《复原图》上当然要按应有造型绘制。

总之,根据以上各点的理解所重绘的《复旦公学吴淞时期校舍复原图》是较为接近实际情况的,基本上可再现公学时期校舍的面貌。在我们热烈庆祝复旦建校八十周年之际,展示学校草创时的校舍图景,对于今天生活、学习在高楼摩天、鲜花簇锦的新复旦园中的天之骄子们来说,或者可以启迪他们饮水思源,鼓励他们为祖国四化建设而艰苦学习的进取之心吧!

复旦无锡校基揭秘

杨家润

1937年3月28日,二十余人聚会无锡梅园荣氏别墅,商讨太湖边大雷嘴一千余亩山地、水田捐赠复旦大学作新校基事宜。出席者为该土地所有人荣德生、吴稚晖、吴宪睦、胡博渊,以及考试院副院长钮永建,国民党中央党部秘书长、复旦校董叶楚伧,复旦大学前校长李登辉,代理校长钱永铭,副校长吴南轩等。经商议,决定该地全部赠送复旦作永久校基,随后一行人前往大雷嘴踏看。该地依山傍水,与鼋头渚隔湾相望,风景十分幽丽。其地东距无锡城廿余华里,西接雪堰桥仅六里余,且锡宜公路经行其间,交通颇为便利。观者一致以为乃建校最佳之选址。

在此之前,曾有消息"中央某巨公,曾对上海复旦大学表示意见;因该校毗连繁华都会,在学生之心理生活习惯上,均易蒙不良之影响。曾示意该校当局,筹备迁移内地,选择适当地点,另建新校舍授课"云云。

无锡校基确定后,钱永铭专程赴溪口向蒋介石报告,蒋氏闻说欣赞云。

随后,复旦即着手计划,准备用一年时间兴建成一所依山面湖、层叠而上之新校。校成即将文理法三院全部迁锡,并拟逐渐增设农工学院,开水产、纺织等新专业。新闻与商学两院则永久留沪,以保复旦之发祥地。

同年6月,校中派土木工程系师生前往大雷嘴勘察测绘,同时聘请建筑师设计校舍图,准备于秋后兴工建设。七七事变,日寇全面侵华。9月,国民政府教育部指令复旦、大夏等四校组成联合大学内迁。1938年,复旦在重庆北碚建校,无锡建新校事就此搁置。

1944年10月,日军败迹日显,复旦校长章益为无锡校基教育部无备案事走访吴稚晖,吴即以当事人身分致书教育部陈立夫,详述复旦受赠无锡校基经过。

1945年8月,日本投降,教育部长朱家骅到复旦谈学校复员设置事宜,言政府拟将复旦安置连云港或徐州。此议遭到复旦当局、学校师生及在渝校友的反对,并提出复旦在无锡有新校基的理由。10月,章益与李炳焕由渝飞沪,会同上海补习所金通尹等察看江湾校舍状况,随后去无锡踏看大雷嘴校基。

1946年3月,教育部下达训令,令复旦迁无锡设置。后因实际困难,同意复旦先在江湾原址开学,待无锡新校建成再行迁移。不久,第三次国内革命战争爆发,政局动荡,物价飞涨,复旦建校无锡终成画饼。

1950年,全国土改蓬勃展开,复旦于1951年1月分别致函苏南公署、无锡县府,要求对无锡复旦校基进行土地登记,同时又派员去无锡马鞍乡间江村校基所在地踏看调查。4月,无锡县府复函说该地基可耕水田,已在土改中分给农民,尚有未分配的山地可仍归复旦,应依法办理申请登记手续。校中即派员去锡办妥了土地登记。7月,忽得无锡县委公函云:复旦在锡之未分配给农民的山地七百余亩,现依据土改法规定,予以征收,拟作示范农场,并已呈苏南公署核准。

接函后复旦立即公函华东军政教育部申诉,要求无锡县归还该片土地,理由是复旦需要它作农学院教学科研之实验农场。12月,华东教部批复云,经与苏南公署交涉,无锡县已同意把未分配之七百余亩山地归还复旦,但要求在一年内开发利用,否则仍将收回。教育部提出意见:要复旦就无锡办农场对教学有否重大价值进行详细勘查。

1952年秋,全国高校院系调整,复旦农学院除茶专调安徽外,全部去东北组建沈阳农学院。至此,复旦要回无锡校地的理由不复存在,此事就此告终止。

八十年代初,学校曾欲追回此片校地,但终因人事沧桑,环境、条件俱变而告未果。

我们的茅屋

金通尹

"茅屋里求学",是我们现在的口号,古人读书的地方,照传说故事讲来,有人在牛背上,有人在人家家塾门外的阶沿上,那就连茅屋都不用了,他们夜里用功,没有灯火,有的囊萤照书,也有的凿壁偷光,这种历史的佳话,固然足以鼓励我们,但是我们如今实验室里需要电流、画图需要棹板了,二三千年前求学的方式,断乎不适用于今日了。现在且看我们"茅屋",究竟是怎样的?

全校四学院、十六学系,一百七十八个学程的教室,是黄桷镇上黄桷小学让给我们的,上下两层,前后两排,与简公堂式相似的十四五间教室,光线很充足,全屋背山面水,外貌和实用都不算差,实在不能叫做茅屋。教室不够用,又租了几处民房,镇上的紫云宫,是供奉河神的,梁上的匾额,和四壁的抱柱对,雕窗画栋金碧辉煌,本是嘉陵江三峡乡村建设实验署公安第二中队的办公处,因为我们找不到相当房屋,他们也让给我们作办公处,教务总务各组办公,都在其中。对面有个戏台,举行总理纪念周和开会时,五百个同学,站在办公处与戏台中间的场上,恰无隙地。两楼上下,有各种实验室、画图室,及体育军训办公处等。实验室的电气设备,尚在筹划中,不久可以装置。图书馆是租用三开间两进的房屋,分配参考室阅览室等,自然不够用,不过我们江湾的图书馆,也就不大,现在人数少了三分之二,比较起来不差许多。挟带书本来来往往的同学在黄桷镇上,到处可见。课余活动,有各种学术研究会的组织,研究会或在图书馆里,或者在他处。江湾的体育馆,是被毁了,我们现在没有体育馆,那个简公堂似的教室前面坡上,有十四五亩光景的空地,同学们用锄、耙、畚、担,来把地弄平了,做了运动场,是本期劳动服务的一种成绩,医务室暂时设在办公室旁一间屋内,已另赁房屋,修葺完工,便可应用。

宿舍呢,五百个同学,黄桷镇上哪里来这么一所大厦,这条街上一侧、那一条弄里一间,有的本来是煤栈,有的本来是店铺,有的本来是住房,修修补补,租成了八九处宿舍,大的上下床,住了百多人,小的住了四五个人。虽然房屋散漫、破陋,但是多年想像中的全校军事管理,已于这时这地实行了,这是在今年校友节时值得向各校友报告的一桩事。

我们整个校舍,这样的分散在嘉陵江畔的黄桷镇上,各部分的距离都不远,来往时间不过几分钟。在上游的隔岸,就是在新建设途径中著名的北碚。再上去是温塘,花木兼清,风景畅丽,各处来游仕女,真有摩肩接踵之概,与温塘接

壤的地方，叫三花石，我们将来的"茅屋"，在最近期内如能得地方人士的赞助，或者就在那里。

今天校友节，有很多校友来看看母校的现状，必定有一种回想，本来在江湾读书的校友，一方面想起那时的宿舍和教室，当时也感觉到有许多不满意的地方，现在是江河变色了，一方面看见在校同学寝处的简陋，足以反映过去比较舒适些的生活，在徐家汇旧李公祠读书的校友，想起都市中的小小园林，究竟不如大自然山水之旷爽，单就这点来说，我们的"茅屋"，把嘉陵三峡为园沿，大大可以自豪。

在吴淞读书的校友，那更讲不到彼善于此了，我记得第一年（光绪三十一年）开学的时候，正值八月高潮，吴淞提督衙门改成的校舍，半夜里满屋被淹，有些同学一觉睡醒，床前的一双鞋子已不知漂泊何所，这与五月二十日夜的风、雨、雷、电，把我们很多同学的被褥浸湿得不能安睡的情形相较，可就是无独有偶了。那时也没有电灯，用火油灯，与现在一样，吴淞上海间交通，虽然那时已有铁路，但是从车站到学校，须坐独轮小车，轧轧辘辘，也未必较这里到重庆为便利。从现在的"茅屋"回想到过去的"茅屋"，三十四年间事，踪迹分明，历史是进化的，是曲线式的，承先启后，复旦的校友和同学，大家奋勉罢！

忆登辉园

人 甬

每当我跨进现在局促的校舍,顿使人想起以前清静的旧址来:回忆中,我更惦记着登辉园,那一个恋女般的小花园。

我永忘不了登辉园,像燕子那么灵活,像鹦鹉那么精致,小小的一角地,有青葱的树群,有婀娜的浅溪,小桥,茅亭,还有起伏幻变的土丘和一股清香的好空气。

若是你能懂得阿房宫的污俗,兆丰公园的虚空和虹口公园的恐怖,那么你才会领悟登辉园的美处。她,像一个清秀的村姑,生成的秀丽的风姿,小巧而且玲珑。朴素是她的特点,结实是她的胜人处。

是三年前了,春天也好,夏天也好,秋天冬天也无不好,每当百无聊赖的时光,独个儿,去兜几个圈子,茅亭里坐坐,小桥边望望,绿荫深处,幽静地躺一回;白雪在叶缝里浮动着,旁边的树枝上,雀儿对对地在跳跃,有时候,拉着老徐,谈着走着,坐在茅亭里,谈上几个小时,从洋装的课本到饭店的肴菜,从国家大事到校内花絮,许多同学,与情人挽着臂在踱

步，或是面对着热忱地低低蜜语。我虽然不这样，但一个人或是同老徐俩，走走坐坐，吹吹口哨，任性地瞎说八道，心里也觉得怪乐意，因为可爱的小园子便是我们的恋人呢。

不但这样，这小小的园子，更含有深意。她，本来叫燕园，为了纪念我们的李校长，所以改称"登辉园"，我们的校长，是一个多么伟大的教育家呀！几百元月薪的大官不要做，愿意做一贫苦学校的校长。只欢喜处身于青年群里，快乐得把头发也笑白了，我爱我们的校长，所以我也爱我们的登辉园。园子的幽静，正象征着校长的苦干，一声不响地苦干！

我惦记着登辉园，像燕子那么灵活，像鹦鹉那么精致。

论复旦宿舍

史宝楚

——先说第四宿舍——

复旦的宿舍,在我读书的时候,尚只有四座,女宿舍和南宿舍除外。在这四座宿舍中,最令人注意的,自然是第四宿舍。第四宿舍建筑最后,所以亦称新宿舍,因为它的设备比较新式,而且样子亦很洋化,一般富家子弟和醉心于欧美物质文明的人,大都住在这里。住第四宿舍的同学,学校里每学期要收宿费二十元,其余的只要十七元。虽然如此,到校稍许迟一点的同学,别的宿舍亦许还有法想,第四宿舍,就早已住得十十足足,并不因三块钱的增加,便而没人。壁报赐给它一个别号,曰贵族院。

可是以我个人论,对于这个贵族院,却无甚好感。我之不喜欢第四宿舍,每学期要多收三块钱,还在其次,主要的原因,是为它放在复旦,太不相称。我以为一个学校,应该有它的特殊的气质,不要太通俗,太平常。以建筑论,我就爱简公堂实验中学和第一宿舍那一套的房屋，自然李校长所主张的灰色的墙壁，是我不大敢赞成的。出来的同学，我就主张该有一点费巩的派头，带些英国人的幽默，而不失中国人宽大的本性。我这样的私见，当然也没有十二分说得出的理由。进母校的第一学期，我寄宿在这里，以后就没有再敢光顾。

——再说第三宿舍——

现在我要说第三宿舍，这座宿舍的地点，最为偏僻，一向被人称为冷宫。一间房间里，住了十个人，闹起来，真有点透不过气，你要在这里读书，千万别想。人一多，总有几个爱说话的，话头一开，一时自然不会停，起初总还是国家大事或学校新闻，而到末了，必是异性。譬如说，正经事你可不管，讲到异性，或是某女士和某男士恋爱，这好像都是切身之事，谁也不能缄口，丝毫不表示意见。假定一个人，再有一二位时常来走动的朋友，再碰巧一些，这些朋友不约而同到，真可以开一个什么会。这样的房间，不适宜于读书，写情书，但社交轧朋友，却是最好没有。而且住这样大的房间，起初不见得个个人都认识，所以往往几个相熟的人，占住一块地方，算是他们的势力范围。住的人大家都客客气气，各不相犯，到混熟了自然也不分彼此。这样，也有特殊的风味。我在这里住了两个学期，对于它还不无相当的好感。

第二宿舍没有什么奇特之处

第二宿舍,最最普通,丝毫没有特异之处。四个人住一间房间,每人占住一只角,早来的通常把床靠着窗摆,后来的便只好做看门将军。不过看门将军在一百个吃亏中,有一样便宜,那便是进出便当,一学期中,不知可省说几千万声的"对不起"。这里,要比别的宿舍严肃些,因为训育主任就住在这个屋子里。虽然母校的训育主任,一向没有使人怕过,也没有使人感到不便当过,然而怕多事的同学,也就比未设训育主任前,缄默得多了。住在这里的人,出货进货,算是十分便利。良记和消费合作社,都近在咫尺,茅厕也就在旁边。听说后来第三宿舍改成女生宿舍后,第二宿舍的身价增加了不少。

第一宿舍是我所最心爱的

我最爱第一宿舍,别的不说,单一看它的地位,子彬院在其左,简公堂在其右,前面有着一块占好几亩地的草地,你说,够不够派儿。复旦的房子,要以第一宿舍为主体,去了它,子彬院没有样,简公堂失掉它的庄严,第二宿舍变成零丁孤苦,其余的房子,好似全失去重心一样。它不但地位优越,而且背后毫无秩序的小食店理发店,全靠它一手遮掉,不至露面。同时弯过第一宿舍,看见那些小店,转又觉得别有风味,人类的心理总是如此,也说不出甚么道理。就以它的建

筑论，也着实有些别致，譬如说，别的宿舍，总是两面是房间，当中空一条不满六尺的行人道。而第一宿舍就不然，两对面房间的距离，起码也有两丈宽，楼上则房间四面围着走廊，屋顶是玻璃，光线可以直射到下面，所以楼下做饭堂，做阅报室，做乒乓室，无一不适宜。假使碰到交通或暨南来比球，或开什么运动会，住在第一宿舍的人，更享着一种特别的权利。别人都得老早在操场上拣一个地位站着，惟有他们不慌不忙，到比赛的时候，才居高临下地望着，谁跳得高，谁跑得快，谁踢得好，莫不看得一清二楚。因为它的地位适中，和各宿舍相距都不远，所以来往特别便利，这也是使我喜欢的一个理由。

除此以外，校外宿舍，东零西落的，也有不少，我总以为进出不便，所以始终未敢领教，当另邀人以纪其详。

校外宿舍

杨守文

校外宿舍者,学生住在学校外面的寄宿舍也。校外宿舍大半离学校很近,远如红房子,近则靠大门后门边,只要有几个学生住,即可得而称之。住校外宿舍的学生,亦得称走读生或是通学生。训育大纲上有女生不得住在校外宿舍的禁例,而女生走读,则又为校章所许可。后来,女生非但住校外宿舍是禁例,且男女生不得互入卧室一条,也是实行到校外宿舍了。

房子空着也是空着;租了出去,虽是花了些水电费,可是收入的宿费——不叫房钱,而叫宿费,这也是校外宿舍条件之一——也很可观。在学生们,校里宿得够了,或是校内宿舍已告满座,不妨换个口味,看住校外有什么不同,有什么两样,于是就继续不断的有人问津。

地保家是其中之一,而且是最先的一个。就一直到现在,他的生意,仍未低落。

前门乡下有空房子的许多人家,也就模仿起来。一到开学的前几天,路上总是络绎不绝的有看房子的人。这一看总要看好些时,若是九月一号开学,总得要看到十月底。哪怕你已经看定了,已经找到合意的房子,已经缴了钱,已经搬进了宅;然而在没有事的时候还得要出去看看另外的房子。看有没有新发现,如果有机会的话,总是留连不去。看了又看,问了又问。

圩塘湾三号,常有奇香,半年之后再也闻不见了,"一·二八"之后,只剩了四堵墙。

我曾与老乡七八人住在八号的裁缝家,一季刚完的时候,他们家进了一个新人,青年男人住着有点不方便,同老太婆闲谈的时候,她这样说:"下半年我们的房子不出租了!"第二学期就没有蝉联下去。

再西面有两家人家,颇能引起同学的兴趣,他们的床铺不会空,慢说是每季定告客满,看房子的也多,就是四点钟以后,来此散步者亦复不少,据说是醉翁之意不在酒。因之他们花了不少的钱又盖了一座楼房,可惜他们不知好奇的学生们的脾气,一年半载之后,目标就都转移的。

孤零零的抱经楼,同学×君外居其中,×女士日必光临。

那时虽然没有男女生不得互入卧室之禁例,也没有什么女生到男生卧室里去。就是有,也不过是绝对的少数。家眷非女生,故不在禁例,携眷同居的,那倒不少,优哉游哉,毫无顾忌。(声明家眷是家眷,女生是女生,虽然把她们是写在一段里,除了省纸以外,并无其他作用,特此声明。)

顾老板的良友，陆尊管理的储英园，以及复盛复隆，都在后门外应时而生。构造一如校内宿舍。顾老板是学生，他能迎合学生的心理，运动员都被他搜罗去了，房子不错，可是价钱贵了些。储英园等的房子虽差些，宿费倒同校内相埒，设备方面，并不见得好，连洗澡间都没有。

小意敦的生意兴隆了一些时，据云茶房不是男人，半年后也就无声无息了，现在做了中国声片厂的办公室。大意敦建筑很好，设备也算周到。可是离校太远一点，有脚踏车的人，还不致觉得不便。

法学院某君，是校外宿舍的老主顾。当他住在宋港巷的时候，四宿舍的茶房××忽做了他的泰山。在上海某饭店，大结其婚，并有某氏姊妹，担任女傧相，这一段姻缘，也算是受校外宿舍之赐。

前门的学士村是新盖的，老板本想趁此赚一笔钱，不知如意算盘可曾打得到。但是看上去，生意似乎还不恶，人总是满了的，校章上虽然规定男女同学，不得互入卧室，但是东南或两江的同学，偶尔来此看看朋友，那也就有些鞭长莫及了。

关于"三宫二院"与"两园"

杜绍文

（一）弁语

时间蚕食了人们的记忆，前尘影事渐渐地模糊了。

偶从回忆中，依稀想起往日的故事，总像咀嚼橄榄似的，有一股说不出的隽永气味。离开母校虽已过了五个年头，然粉红色的印象，尚未完全在脑海里磨灭。

以下就是一些琐屑的谈荟，这里，或许可引起会心的微笑；但都是无伤大雅的事实。在以前俱曾轰动一时的新闻，现在却成一页页的史迹了。

（二）东宫春秋

沪上各大学之以"宫"名其女生宿舍者，当以复旦为鼻祖。复旦东宫的出现，则滥觞于"朝暾壁报"邹枋同学所作的"东宫春秋"。为了东宫春秋的描摹逼真和文字生动，全校男女同学几于无人不争以先睹为快；下课后的子彬院侧甬道中,常挤满黑魃魃的人头。更为了这篇文章,不知麻烦了当时训育员陈沂同学的多少口舌。后来复为了出版问题,女同学如黄澹哉等,毅然聘请律师,预备和邹同学相见法庭。东宫春秋的杰作,论其重要性,洵不减于二千三百年前孔夫子的"春秋鲁史"呢。

当我的足迹印上复旦门槛的时候,现在的东宫,尚系一片荒芜的草原。一九二七年的暑假间,才开始鸠工建筑,同年的秋天宣告落成。东宫给我第一个的观感,是在落成典礼全宫开放时,参观"爱的福"小姐的闺房,并领略了一缕香而甜的气味。

关于东宫的艳事,真是无日无之。兹仿史家笔法,纪其纲要于次:

"甲子,夏,暑期学校外来学生朱某,片面钟情于李莲女士,擅进宫,阍者拒焉,乃执手杖卧于地下狂呼,一时传为笑谈。时人讥彼为'猪头三',为'单相思',均不顾也。旋被除名,不知所终。

"乙丑,四大金刚何萼梅等,长于运动,尤善篮球;四小金刚眭玉英等,急起直追,后先媲美。

"丙寅季春,某壁报以红楼梦之金钗十二行,状当时女同学。各就内心之个性及外表之容貌,评定某也胖宝钗,某也病黛玉,某也净惜春……女同学得讯大哗,男同学则面有喜色。

"丁卯,黄女士,湖南产,窈窕多姿,男性趋之若鹜,女士

苦焉,爰订结婚条件四项,略示限制。条件如下:(一)须拥资至少四十万元;(二)丈夫须绝对服从命令;(三)另组小家庭;(四)一切自由丈夫不得过问。于是自审资格不符之男同学,纷纷望条件而兴叹。

"戊辰,秋,新聘女生指导陈某,严格取缔男女过从,宫之门庭,冷落可罗雀。无何,女同学不堪其虐,特授意于某壁报,著论忤之,陈某乃踉跄逃,宫之景气复见。

"己巳,宫内会客室,置沙发四,因坐者频繁,弹簧突出,沙发已不复为沙发矣。然男女同学谈心其上,仍甘之如饴,不以为病焉。一日,某男同学竟因久坐坏其裤,不之觉也。

"庚午,宫中女侍,负责传达男女双方声气,任重事多。故除薪金外,月由男同学分别考敬若干,充传达费,闻收入颇有可观。

"辛未孟冬,月黑星高之夜,有窃者缘宫东首之窗而入,有顷,安然逸出;事后遍索全宫,惟幸而未亡一物。"

(三)月冷西宫庭院

一九二九年秋,复旦女同学人数,突破历届最高纪录。"东宫"容量有限,不克"来者安之",于是不得已将实中女生,全部自宫迁出;另于实中宿舍三楼南边,划为实中女生寝室。实中当局因该部学生,血气方刚,为策万全计,管理较前严密。除三楼中间隔以木板,并规定男生不得沿南首楼梯上下外,另于入口处设女役一人,监视学生出入。这样一来,于女

生方面固便利,可是男生便大吃苦头了。往时可以进退自如,现在假使大意一点,随时有被请到训育处"吃大菜"的机会。女生亦以关防太密,且人数又不多,不无逗起寂寞之感,该时实中女生,除万不得已回舍睡眠外,其余时间,皆不愿一履实中三楼。于是,从前热烘烘的实中宿舍,一变而为寥落凄凉的禁地;清冷的月色,笼罩着整个了无生气的庭院。幸仅有一学期,女生即仍调回东宫。否则,长期的束缚,实中同学将变成"道学先生"了。

(四)不堪回首话南宫

在东宫尚未出现于复旦之前,那时女同学的住所,系屹立校门右隅的南宿舍(即今日的教职员宿舍。)当时男女同学之禁初开,负笈来校的女同学,为数极少。该处房屋窳败,楼梯摇摇欲坠;房间设备,尤因陋就简。从环境方面说,前对大路,后列荒冢,更不适宜。不过,当日因为女生宿舍的关系,男同学尚不时前往观光,南宿舍前,不致满眼萧条。该舍楼下陈设的钢琴,复继续的奏出抑扬顿挫的音调,一阵阵弹动行人的耳膜。在刚有女生时的复旦,谈起南宫舍,仍被一般人认为沙漠里的"绿洲"。

自女生乔迁东宫后,南宿舍的面目可不同了。女同学固望望然去之,男同学亦视为畏途(因该舍住教职员,同学非有重大事故,咸不愿一行)。回首当年,令人大有"地以人传"之慨了。

（五）简公堂之尘心道貌

暮霭苍茫中远望简公堂，酷似一位入定潜修的老衲。它的轮廓是古朴的，它的周遭是静穆的。以它充作咿唔咕哗的杏坛，那真是再适宜没有了。

未有子彬院时，简公堂系复旦的神经中枢，无论集议开会等等，都在该堂举行。自子彬院兴筑后，这些重要性缓缓地丧失了。这好像北平似的，首都南迁后，已没有其中心性了。以大喻小，今日的简公堂，亦和故都陷入于同样的命运。

简公堂的外貌虽质朴古雅，但内在却蕴藏着不少的春光。

到过简公堂的人，必知课室的木凳，是一只一只的拼成雁行的。依照复旦不成文的习惯法，女同学例皆就座于第一排。有些顽皮的男同学，预先洒些粉灰于该排椅上，女同学无意间坐下，等到散课时，尊臀就印上了一朵朵的花纹，往往挑动哄堂的大笑。有时一二恶作剧的男同学，更进一步地在凳上绘以白色乌龟，女同学倘着黑色衣服，一失检点，常于旗袍后方附以乌龙一只，尤其使同学捧腹大噱。女同学虽两颊泛起红云，有时或柳眉倒竖杏眼圆睁，但不知主谋何人，只有自认晦气了事。至于黑板上想入非非的涂鸦，更是罄竹难书，苟一一记载下来，很可以成功一部皇皇大著"嚳宫外史"呢。

所以，简公堂的庄严面，是莘莘学子顶礼受教的圣地；它

的浪漫面,则系同学发泄"青春之火"的情场。

(六)"欲知任何消息,请到子彬院来!"

以入定老僧拟简公堂,那么,子彬院便是摩登少妇了。

子彬院为全校发号施令的首脑,校长办公处,各系主任办公室,以及注册、庶务、会计等处,俱集结于该院楼下。一切重要文告,皆张贴在那儿。庞大的第一○一号教室,更无异变相的大礼堂。故子彬院的下层,到处可闻得炽热一团的气息。一上二层楼,景物就有点两样。四壁陈列着的动植矿物标本,教你油然发生科学的兴趣。于是冷静的头脑,压平了热烈的心房。二楼布满了科学的研究空气,和下层的动荡氛围,划成两个世界。可以说下层是社会科学的辖境,二层则系自然科学的领域。三楼仅有中央一部分,截至我离校之日,两翼尚未铺设地板,情形非常黯淡。四楼只有一间小屋,养有大猴一只,小兔数只,老鼠多头。有一天,被判处无期徒刑的大猴,忽然断锁逸出,从四楼跃下地上,抓破了两位女同学的外衣。平静的学府,突然起了一阵剧烈的骚动。结果大猴是被陈晸德同学用枪击死了,同学们追究大猴的来源,于是乎才知道子彬院四楼上还有这样一个的境界。

子彬院左侧楼梯下的厕所,为全校软硬性新闻的集中地,有时把它联缀起来,常蜕变而成一篇有趣的"厕所文学"——较"大众文学"更为率真自然的"厕所文学"。例如有人写"拥护×××",即有人于拥护上加以"反对"字样,

又有人再添上"打倒"的冠词。结果"非非成是",使人忍俊不禁。而风花雪月谈情说爱滑稽漫画的四壁琳琅,尤属美不胜收。庶务处虽派役勤加粉刷,但随刷随添,终究于事无补。

自学校大事到个人琐事的硬软性新闻,闻子彬院俱能供给你所需要的材料。"欲知任何消息,请到子彬院来"的口号,遂一时风靡全校。

(七) 燕园燕双飞

曾享盛名的短波无线电壁报,因为登载一则燕园艳事,贴报的木板,就宣告失踪了。记起了这出喜剧,使我便联想到燕园来。

燕园僻处复旦大门的左旁,为沪上某银行家的别业。园林幅员虽小,布置却颇精美。园有屋而无人,门虽设而常关。复旦网球场,和该园只有一篱之隔。常因击球用力过猛,网球即飞入园内。为拾球方便计,就在该园竹篱,大开方便之穴。园丁虽一再地修补,终于经不起一再的破坏。彼虽啧有烦言,然固无如之何,且已为"既成的事实"了。于是同学往游该园,另有捷径可循,自无须像从前的"十扣柴扉九不开";门口的"敬谢参观"牌示,亦失其效力了。

某夜,短波无线电壁报总编辑部,据访员报告"谓今夜九时,燕园有一对情侣,被园丁发现于山洞内,彼等狼狈而逃,遗有手巾一方"云云。总编辑部即派人往询园丁,调查属实,且人物两证俱全,当将此新闻,发表于翌晨该报上。结果即日黄昏,报板不翼而飞,给予从事壁报同仁以一重大的打击。

但,"燕园燕双飞"的艳闻,已转瞬间传遍全校了。

燕园初为沪上王谢两银行家的公共别业,义取唐人诗云:"旧时王谢堂前燕",故以燕园名。当复旦二十五周年纪念会时,曾有人提议购该园为校长公舍,然因经济关系,事不果行。闻现归谢某所有。易主后的燕园,不知一湾流水数曲假山,尚依然无恙否。

(八)记叶园

复旦同学晚饭后散步的路径,可大别分为两途:一沿前门东行至白屋或永安公墓;一出后门绕跑马厅而达叶家花园。以人数言,前者较众;就幽胜论,后者较佳。叶园道上,清静幽邃,别有一番风光,足力感觉疲倦的时候,可憩息于沿途高而富球场的如茵软草上,看跑马厅内骏骑的驰驱,更具一种胸襟豁然的快感。

进叶园是需要"派司"的,同学有了一张"派司"便至少可以带进十人。其法由一人充先锋,其余的人,静候于该园后门的土山麓,先遣者从土山旁传出"派司",如是周而复始,不满半小时,全体已畅游于园内了。所谓一法立则一弊生,"穷则变变则通",根据这点小聪明,谁敢说我大中华民族不是上帝的选民?

叶园之于燕园,那简直就是大巫之于小巫了。叶园好像

地大物博的中国,燕园则充其量不过蕞尔三岛的日本而已。

一位和我邻房的鲁籍同学,于某休沐日,忽动雅兴,约了几个女友到叶园池旁摄影。不意久雨新晴,藓苔泞滑,一不当心,便跌入水中。一时莺惊燕奔,等到通知了校医莅场,那位同学已"呜呼哀哉"了!诗哲拜伦说:"女人好像一根皮鞭,有时可鞭策男性生活的向上,有时竟一鞭把男性陷进地狱去。"其某同学之谓乎。哀哉。

我最赞美叶园家庙前的玻璃小假山,在广未及寻高不盈尺的范围内,使一花一石一人一木,堆砌得精美绝伦,独具匠心。数年来我跑遍了南北名都,从未见到一座比它更为精巧的。

叶园古木参天,池塘曲折,亭榭楼阁,点缀宜人。园林深处,最适促膝谈心;大好草地,尤宜举行园会。一九三二年夏天,阅报载该园已辟为游艺场所。想叶园面目,必今非昔比了。

(九)余音

五年前聚首一堂的男女同学,现在有的已背上了十字架,有的已"绿叶成荫子满枝"了。蓦然记起了往日的趣闻艳史,靥部上多少总留下一丝笑痕。黄金时代已像轻烟似的吹散了,展开在我们眼前的,是一幕幕变幻的生活的画图。短短的五载光阴,已造成无限沧桑的奇迹!后之视今,亦犹今之视昔。正是:

"一片春云出岫,飞上天空,幻作白云,倏忽变苍狗。人事和云一样,胜会不常,好景难长久;今日相逢,明朝又分手。浮云人事两茫茫,惟有河山仍如旧!"

燕园话旧

杨　灵

川流不息

母校同学，新人旧老，阶级平等，彼此绝无歧视。惟一年级新生初入大学之门，有时昧于情形设备，究亦不免被老同学所愚弄。然吃一次亏学一次乖，固无伤大雅也。回忆往时入学匝月，庶务处催领新生校徽之布告即出，同舍友人嘱凭学费收据，速往子彬院一○一大教室隔壁（似为一○二号）领取。记者闻讯，急持收据，鼓气前往，则十余同学，正当场挥毫，川流不息，盖一厕所也。

绍兴耳光

记者尝谓青年血气方刚，若佩自卫手枪，每易招摇肇祸，反致戕生。聘请法律顾问亦然，若不识大体者借此炫耀，每致轻易玩法，自讨没趣。校内后门某绍兴饭馆，主人某入市购菜，必乘自备包车，颐指气使，俨然以老板自居，固不知全赖复旦同学之二角客饭,造成彼此小康局面也。会有吴兴同学陈东明君者(十九年秋政治系毕业),偕友数辈,入馆就餐。偶尔不慎,误将汤匙坠地作碎。陈君平时品学拘谨,对此绝非出于轻率举动。店主绍兴人某,即趋前责问,声色俱厉。陈君见其无知,亦不与计较,强为容忍。餐毕即偕友离去。遽翌日店主竟托法律顾问致函陈君,倍加责难。陈君至此"迫上梁山",无可再忍。响午照常偕友赴餐。时店主倨坐柜台,见陈君态度驯良,识为律师一函,大收功效,颇有得意之色。餐毕店主且亲为收取饭票。时陈君从容举其巨灵之掌,猛批店主之颊数下,同时扬言而出曰:"律师信收到了!可再来宿舍面谈!"店主虽欲抗拒,因被柜台阻隔,且见寡不敌众,只得频频曰:"我认得你!我认得你!……"余音袅袅,不绝如缕。自此即成绝响,再无下文。时友人在旁桌就餐,目击其详。归而告余。余曰:"此数记绍兴耳光,诚得其所哉!否则我们吃着苍蝇,他却说是虾尾,若与其争辩,人人有吃律师信之可能也!"

法令如山

伪造证件,混蒙入学,一经查出,立予开除。此种方式挺硬无比,绝少还价。曩有教育学系四年级女同学,别名黑美人者。其入学资格,因教育部辗转行文,调查需时。至大学四年级时,始发觉其确为伪造。于是指令学校当局,立予该生以开除学籍之处分。该女同学肄业已久,平素品学兼优,

颇得师长器重。于是四出设法，哭诉学校当局，请予援助。然此为整个教育问题，法令如此，学校亦无能为力。该同学泫然久之，最后泣请曰："请俟生车运行李离校后，再出开除布告何如？"当局对此自允照办。记者时适在旁，情景之惨，不觉潸然。返至合作社进餐饭菜几不能下咽！

大众英语

在小学时，每遇英文造句，辄苦字汇未丰，有时杜撰自铸，笑话百出。如呼火腿为 Fire leg，称自来水为 Self come water 等。教师见其大胆造词，虽吃红杠，亦不阻止，盖鼓其勇气也。迨日久进步，竟以 Small pen three（小瘪三）等互相呼詈矣。思之堪至发噱。既来复旦，不能忘旧。于是竭力提倡，在宿舍内居然风行一时，穿新西装者，群谓其 Out wind head（出风头），有女朋友者，群谓其 Open heart（开心）等，不一而足。惜有时文义过高（？）反费思索。此种字句不计文法，全凭自然，若使用得当，实足破涕为笑，胜服一剂胃痛一笑散也！老友王壮飞工程师（去秋理学院第一名毕业）即为记者得意之 High feet（高足）也！

如押重囚

母校前任教授叶渊先生，待人以诚，蔼然可亲。叶师交游綦广，外界多与相接。民十九年秋，本埠光陆大戏院，每逢星期日上午，辄开映影片一次，招待各大学师生，借资联欢，

以广招徕。说明书上并专印招待某某大学字样,意颇诚挚。母校得叶师介绍,亦得该院接待一次,犹忆定映影片为北极探险记,叶师于先一日上午,挟戏券数百,莅校分发。同学对此,事前早已闻讯,迨叶师步入校门,即受数百同学团团包围,挤得水泄不通。机警者见叶师袋中坟然隆起,有竟欲动手"抄靶子"以探取戏券者。叶师虽竭力说明请各同学维持秩序至子彬院一〇一教室静坐,俟次分发,然人多声杂,终鲜效果。叶师鼻架矮矬,体干不高,虽欲挣扎,无能为力。至此上天无路,入地无门,只得频频摇首,徒唤奈何。懊丧之状,思之发噱。如此由校门起沿途挣扎,进至子彬院一〇一大教室,前簇后拥,如押重囚。时室中静坐听候分发者,亦无虑数百。课室内外,喧成一片。叶师计上心来,两手捧腹(保护券也),突重围而登讲台,扬言于众曰:带来戏券无多,然事已如此,余将择最守秩序最为静肃者而发之,得券后应立即退出教室,由门外同学候补之。数语既毕,于是数百同学勉强镇定,故作矜持,天真之态,无让"义小"小弟弟也。于是叶师佯为侦视,向右排同学分发数张,忽至左排分发数张,忽又至中排分发数张(一〇一教室座位分左右中三列),时左时右,捉摸无定。各同学见实践前言,更严守秩序,奉命唯谨,如此忽左忽右,由前排渐渐分发至后排(即教室入口处),叶师不动声色,鼓其平生之力,突出重围,夺门逸去,而散余券于子彬院前草地,以示与众同乐,己则径向校外飞奔而去。此时强者争先拾取,弱者望券兴叹,群议分配办法之不彻底,而叶师

固已逍遥翔殷路上,得复自由矣。迨后谈及此事,叶师辄以"卖解的!"(My God!)相对云。

汤饼之宴

曩在预科时,有无锡同学某君,跛其足,不良于行。而护发殊力,视若第二生命。乌光闪闪,鉴人眉目,修饰之精无出其右。与方日康、荣广亮、孙景问诸君同室。一日,荣当众戏谓某君曰:君能削发为僧(即剃和尚头),当以十元请同舍友人吃剃头酒也!某君曰诺。荣出此语,明知其爱发如命,实同要挟,为不可能之事实。不图某君潜至后门理发铺,花洋四角,连根尽除,固已忍痛牺牲,削发为僧矣。迨归舍时,诸友愕然。而荣君亦当晚在中山西菜社大张汤饼之宴,以践其约言也!本刊编者朱向日学兄,时亦同舍,未知尚能忆及此事否?

按母校同学,多留其发,以壮仪态。当时剃平顶头者固已少见,而剃和尚头者,据记者所知,仅上述某君与马地泰君耳(均为预科同学)!某君中途离校,不知去向,马君已荣任母校土木系助教,极得当局器重。前见其徜徉山东路上,牛山濯濯,朴素依旧,学者态度,殊属难得也。

邮务处长

余尝戏谓复旦一千五百余师生员役之中(指平均数),最富于记忆力者,莫若校内邮务处诸工友,而尤以名王锦荣者

为最,记者固已服膺久矣。此君肥头胖耳,眠若曲线,缄默不多发言,若悒悒寡欢者然。惟闻其工资待遇虽微,而其他出售邮票、贩卖日报等副业收入,分配所得,亦尚可观也。校中每日所收信件,平均以二千封计,其规模固不亚于三四等邮局也。然千余师生中。本届新入学者有之,已离校者有之;他如住校,走读,寄宿校外宿舍,信面姓名系用别署,指定某君转交,本届休学转寄某处等,种类繁多,不胜枚举。然一经登记,即能按时送达,绝少错误。惜以程度及发音类似关系,英文信件,时有未免误投,亦难怪其然也。

马相伯毁家兴学

王仁清

马相伯(1840—1939年),原名建常,改名良,字相伯,晚号华封老人,江苏丹阳人,是民国著名的爱国教育家。马相伯祖辈自明末起信奉天主教。12岁时,他只身去上海徐汇区进法国天主教会办的公学读书,后进入修学院学习,学成授职神甫传教。然而,二十五年的教会生活,使他愤于洋人教会的专横,慨于维新改良的流产,感于洋务幻想的破灭,他终于转向"启迪民知"的教育救国道路,决意在上海徐汇创办"震旦学院",培养治国人材。"震旦",系梵文里对中国的称谓,亦有"东方旦明"之意。为了筹办震旦学院,马相伯拿出长兄马建勋遗作母亲赡养费用的良田三千亩及父亲行医、开店积蓄的现洋四万元和八处房地产(价值约十余万元),作办学基金。马相伯如此毁家兴学的举动传开后,各省有识之士纷纷云集上海,积极予以支持。这样,我国教育史上第一所私立大学——震旦学院,终于在1903年3月1日正式开学了。马相伯亲任监院(校长),其余干事均由同学轮流担任,以培养他们社会实践能力。然而，学院开办不久，由于马相伯坚持崇尚科学、注重文艺、不谈教理等三项办学原则，旨在为中国培养自己所急需的人材，因而触怒了天主教会。教会与清廷相勾结，在1905年春调来法国籍神甫夺得了马相伯办学权利，并由此引起了震惊淞沪的"震旦学潮"。这时，马相伯虽然年过花甲（66岁），囊中也空如一洗，但他决不屈服洋教与清廷的压力，在爱国学生与各方人士的相助下，1905年秋借原吴淞提督行辕旧址另创了"复旦公学"，成为现在复旦大学的前身。马相伯之所以取校名为"复旦"，一有复我"震旦"之意；二与古诗《卿云歌》中"旦复旦兮，日月光华"相暗合，以表复学光我中华之意。复旦公学创立后，马相伯不顾年迈体弱，自告奋勇地为学生们开设法文课，给复旦公学的师生留下了极其深刻的印象，也培养了大批外文人材。

民国二十八年（1939）年春，抗日战争进入相持阶段，上海复旦大学内迁到重庆。这年4月，正值马相伯寿晋期颐（一百岁）。迁渝的复旦师生很想念因病滞留在越南谅山的马老，因而在重庆举行遥祝马老百龄寿庆的庆典活动。寿典活动中，除国民政府颁令嘉奖马老毁家兴学、造就人材的事迹外，蒋介石、于右任等在渝的党政要人，也来为马老称觞遥祝，撰送寿联。蒋介石祝寿贺联是：

天下皆尊一老；
文章独擅千秋。

马老曾愤于袁世凯窃国称帝,辞去袁氏总统府里的高级顾问等要职,回到上海创办《天民报》,亲自撰文抨击袁贼"帝制自为"的丑恶行径。"九一八"事变后,马老积极主张团结抗日,发起组织中国民治促进会、江苏国难会、不忍学会,被时人尊为"爱国老人"。蒋介石以马老毁家兴学、撰文讨袁、结社抗战等事迹为题材,构联成幅,从人品与文章两个方面,称颂马老,以表遥祝其寿的敬意。

于右任的祝寿贺联是:

先生百年岁;
世界一晨星。

于右任1904年,因反清亡命上海,得马老相济,召为震旦学生,并得益于先生的指教。他始终不忘马老临危资助的师生之谊。因而,在短短十字的贺寿联语里,深深地蕴含着弟子对恩师的良好祝愿与诚挚的祝颂。

马老病卧谅山,然而心系祖国与弟子们。他抱病强作两副对联,回赠他所寄望与所敬重的弟子。一是题赠给冯玉祥将军的。其联为:

我战则克;
汝唯不矜。

冯玉祥在"九一八"事变后,坚决谴责蒋介石的媚外误国的不抵抗政策,亲自组织十万察哈尔民众抗日同盟军,与入侵华北的日寇进行浴血奋战,终于收复了察北多伦四县,给

抗日民众以极大的鼓舞。对此,马老深为钦佩。上联"我战则克"即指此事。下联"不矜"即不居功自恃。马老在下联里,称颂冯的品德与抗日心志。全联上下,寄托着老人的抗日复国的殷期。

马老还给于右任回赠了副联语。其联为:

　　古之遗直也;
　　中国有人焉。

上联集《左传》:"仲尼曰:'叔向,古之遗直也。'"谓直道而行,有古之遗风。作者上联集《左传》所载孔子的话,借以称赞于的政治品格有着传统的正直不阿的遗风。下联,作者表示对于的寄望。

马老作赠勉弟子联的半年后,即同年11月4日,便在越南谅山与世长辞了。11月16日,于右任亲自执笔为百岁恩师作祭文,对马老一生致力于教育救国事业作了这样的评述:"嗟师之生,忧患百年。罗胸武库,握手空拳。报国之心,托于造士。笃志殚情,忘其暮齿。"

爷爷轶事

马玉章

头几年,爷爷的故知们敦促我写一点回忆他老人家的文章,思之再三,我婉言谢绝了。我读过一些回忆亲人的文章,他们的亲人都是些大有功于革命的人,其丰功伟业都是可以垂诸竹帛的。我的爷爷只是一个普通的人,他也自认为是"四万万人中的一个"。记得我年轻时曾为有这样一位爷爷而自豪。爷爷指着身边的一个花盆告诫我说:"我就像那盆中的一粒小泥土,爷爷没有什么了不起,你更没有什么了不起!"这两句话对我教育很大,他那恳切的态度,我则至今记忆犹新。

今天复旦大学为了纪念爷爷,准备给他出传记,我应作者之请,写了点他的生活行状和家庭轶事。这倒不是因为复旦为爷爷所创办,而是因为复旦是我的老师。50年前复旦的学生运动领导我按爷爷的精神参加了反蒋抗日斗争。所以说这是碍于师命难违。那么,就请爷爷的故知原谅吧!

在旧社会里,长期居住在城市里,从事脑力劳动的人,能活到 100 岁的很少见,难怪有人问我爷爷活到 100 岁有什么秘方,吃什么补药?我回答他们说:"爷爷没到过蓬莱仙岛,也没去过兜率宫,既无仙丹也无妙药,他只是起居有定时,饮食有定量,脑子不用于求升官和求发财。"

爷爷每天一早 4:30 起床,晚上 8:30 上床,中午在沙发上瞌睡半小时。早餐是一大碗牛奶、咖啡,四块奶油苏打饼干,一小瓶胚胎素药粉;中午是一碗鸡汁,三只炖鸡蛋,四到六块饼干,饭前一小杯红葡萄酒,饭后一小杯薄荷酒;晚上喝一碗粥,不用菜。此外,一杯清茶而已。天天如此,餐餐如此。

每个星期天,爷爷寓所如果不是高朋满座,那就是孩子们的天下了。爷爷喜欢看孩子们顽皮,他说顽皮的孩子才有健壮的身体和聪明的头脑。爷爷爱看孩子们捉迷藏,他还当指挥。爷爷也讲到他童年时的顽皮劲儿,逗得大家哈哈大笑。当年的孩子,如今尚健在的有"二医"的顾梅圣、"交大"的顾石华等。

爷爷家里用的菜盘都是特大号的,盘子里的菜必须堆得高高的。菜盘子底朝天,爷爷就高兴了。他把大师傅叫来,学着上海口音笑着对他说:"今朝侬生意好来!"反之,他就会把脸拉长起来。他从来不对侍候他的人发脾气,只要他一拉长脸,大家知道老太爷不高兴了。只有我能让爷爷反怒为笑,他指着我说:"你这顽皮猴子!"

爷爷和我生活在一起的时间很短。爷爷信天主教,但他

从不对我讲教理或教义。爷爷是个文学家、数学家,并深通八国文字,但他从不教我之乎者也或 X+Y=Z;爷爷也从未对我讲过什么大道理,我只是从他的言行中了解他。

爸爸和妈妈结婚不到两年,爸爸就死了。那时妈妈18岁,我才满100天,族人认为爷爷除了办震旦大学外,一定还留下很多财产,因此千方百计地要妈妈和我离开爷爷。爷爷没有听,把姥姥和我们接到北京。

爷爷不主张妈妈守寡,他要认妈妈为女儿,并另择配偶。他征求姥姥的意见,姥姥不同意,妈妈也不同意;她认为她应该侍奉公爷和抚育孤女。在爷爷要离开北京之前,先把我们送返上海。不久,他告别北京。来上海后,隐居在土山湾孤儿院的红楼上。每到除夕,他来家一次和我们吃一顿年夜饭。其他日子,他不来我家。

记得一个元旦节前夜,我表兄带我、表妹和堂兄一起去百乐门舞厅开开眼界。我们回家的时候已经很晚了。妈妈等着我们。我们知道她不高兴了。那天是元旦,我们照例在爷爷处吃饭。席间,妈妈告状了。表伯和表伯母也认为我们太过分了。爷爷并没有责备我们,相反,他对妈妈们说:"不要大惊小怪,跳舞在西方是交际场中一种礼节,学学有什么不好?"妈妈听了很生气,说爷爷只会宠我们,把我们宠坏了。爷爷看到妈妈生气了,他对我眨眨眼睛说:"以后注意,别惹妈妈生气!"

爷爷反对人家办婚丧事铺张浪费,他说这是劳民伤财。

我结婚那天,爷爷不准妈妈邀请客人,他说:"弄几个菜,但不要忘记准备点喜酒,我喝。"

有位震旦大学毕业的陈炳炎,他曾讥笑我说:"你看不起这个,看不起那个,人家有陪嫁,你有什么?"我很骄傲地回答说:"凡是震旦大学培养出来的人才,都是我的嫁妆,有谁的嫁妆能跟我比?"

提到震旦大学,有人说:"教会对他却大为不满,乘马老养病之际,改变了办学方针,引起学生反对,摘下校牌,相率离校,等等。"这个说法不很全面,其中还有些具体情节不为世人所知。

当时的震旦大学,明里是学校,暗里搞反清的革命活动,其中有于右任、邵力子和张鼎丞等,还有我的姑夫徐子球。

他们的活动被清廷知道了,便勾结法巡捕房计谋捉革命学生。爷爷听到这个阴谋后很焦急,为了营救这群学生,爷爷决定把学校捐赠给教会,交换条件是安全保护革命学生离开。震旦大学就是在这种情况下落入法国传教士手中的。

1936年,爷爷病了。震旦法人看到局势对他们不利,企图将震旦大学迁到越南西贡。顾守熙伯父知道了,暗中通知我妈妈,妈妈便写信告诉在北京的宗文姑母,姑母复电约妈妈到南京,面告于右任伯父。于大怒,派审计处徐可澄叔(震旦旧生)到震旦同法人办交涉。

于右任伯父和宗文姑母对以上的经过都知道,何况徐可澄本人也是其中一员,他以事实为根据向法教士办交涉,再

加上于右任的势力,法教士不得不低下头来,承认学校是爷爷办的,震旦所以才能保存到现在。

爷爷病愈,宗文姑母把这件事的经过禀告了他。爷爷乃亲笔写备忘录一纸,上面写明他办震旦时所用的银两和田地,也写明了为什么托法教会代为管理,时为丙子年(1937年7月4日)。

爷爷是毁家兴学,不留余资,门人们念及爷爷已七十多岁,将来这寡妇孤孙何以赡养,大家凑了一万元给爷爷作为我的生活费和教育费。爷爷也把这笔款子交给陆伯鸿转送启明女中作为经费。

为了爱国,为了救国,爷爷毫不自私,把一生精力和财力全部放在办教育事业上了。但遗憾的是,解放后,有人竟对我说:"震旦大学是人民从法教会手中接收过来的,与你们姓马的无关!"还有人在文章上大捧法教士,污蔑我爷爷,这不能不令人感慨万端。

我不知蒋介石是什么时候,为什么惹怒了爷爷。记得蒋50岁那年,多次托人来求爷爷给他写个"寿"字,爷爷不肯。门人林驺劝道:"先生给他一点面子罢!"爷爷乃取"吉一时"三字合一"寿"字付之。蒋大喜,派人专程道谢,人走后,爷爷哈哈大笑。妈妈感到奇怪,便对我说:"你爷爷平时大骂蒋介石,今天蒋派人来道谢,看你爷爷的高兴劲儿啊!"爷爷听了批评妈妈说:"你胡说什么?我笑的是我叫这小子只'吉一时',他还这样高兴!"从此,"这小子"三字成了蒋的别名。

在北京，遇到一位震旦老同学朱叔和，他对我说，他每次看到爷爷时，爷爷总是问他："这小子会打仗不会？""这小子打仗了没有？"他说他本来不明白"这小子"是谁，后来明白了是指蒋介石。

"九一八"前，爷爷除了每天看报以外，天天练字，还写些著作或翻译一些有关科学方面的材料。"九一八"后，爷爷忙于写文章和广播，号召全国人民起来抗日救亡。那时候爷爷的寓所乐善堂经常宾客满座，谈话的题目离不开抗日。宋庆龄、黄炎培、沈钧儒、邹韬奋等组织了救亡协会。爷爷不顾自身安危，却非常关心同仁们的安全。

爷爷有两位秘书，但爷爷信任万国华先生。开会前，他总是设法把那位秘书支开，然后命万先生、妈妈和我分别守在大门、楼下电梯处和三楼电梯处，如有动静以摇手帕为信号，然后由万先生率领众人由后门走出，幸而从未发生任何事故。

爷爷义卖自己的字支援抗日将士和救济遇难同胞，也教育了妈妈和我。一次，爷爷对刘龙生老人和妈妈说："国家兴亡，不单是匹夫有责，你们妇女也有责。"在爷爷的启发下，妈妈她们联络了几位太太，自己买药及一切医疗用具，由顾守熙伯父出面，向震旦借到大礼堂，办了伤兵医院。600多位伤员全部伤愈归队，十九路军蔡军长派参谋长张仲昌向妈妈道谢，我也得了全国红十字奖。

丁公量同志在舟山干革命，被反动派逼得逃来上海，妈

妈资助他参加了新四军。

淞沪战役后，日酋松津中将在开庆祝会时，被朝鲜志士金某炸断了一条腿，日寇疯狂地在上海四出追捕。金某处境很危险，爷爷命妈妈赠送川资并设法救他逃出上海。这种例子很多，妈妈所以能以助人为乐，也是受到爸爸熏陶所致。

1936年11月22日晨7时，宋庆龄先生来送别爷爷，临行对万国华先生和妈妈说："你们要千万照顾好老先生身体，老先生是国宝呀！"

爷爷到南京20天时，"西安事变"发生了。于右任急忙来向爷爷报告，爷爷说只要这小子肯抗日，就放了他。亲笔拟了电稿："兄弟阋于墙，外御其侮，请释中正，一致抗日。"抗日战争胜利后，我在丽都花园于右任伯伯住所见到了杨虎城将军，他还提到这一电报。

爷爷的生活费是由震旦大学在他捐资项下负担的。自从迁南京后，法教士背信，停止付给生活费，造成我家窘困。于右任闻知，怒道："我们不用他们的钱！"乃申请委爷爷为国府委员。

1937年夏，张治中和朱培德来看爷爷，高谈抗日大道，爷爷很高兴，当场就命我铺纸磨墨，各送对联一副。二人问爷爷对蒋介石有什么要求，爷爷摇了摇头。

数日后，蒋介石也派人来问有什么要求，爷爷命万国华先生写了"释放政治犯"五个字。

7月31日，"七君子"从苏州监狱得到释放。8月3日即来南京大方巷12号向爷爷道谢,同来的还有杜重远先生,9人摄了纪念照,沈钧儒伯父还题了"惟公马首是瞻"六个字。后来在重庆,钧儒伯父拉着我的手,流着眼泪说:"没有马老先生,哪有今天的你于伯和我!"

因日机常来骚扰,李烈钧先生迎接爷爷避居李先生在陵园(中山陵)的寓所。后因句容告急,冯玉祥先生派人护送爷爷乘国民政府最后一只差船到武汉,换车经衡阳到了桂林。李宗仁夫人郭德洁招待爷爷住风洞山德风楼。广州失陷,李宗仁先生派人送爷爷去昆明,因年老体弱才在越南谅山停下。

有人说爷爷虽然年纪老,但是他的头脑很新,也不全对,在他百岁生日,卢沟桥事变向日寇开第一炮的宛平县长王冷斋来谅山祝寿,爷爷要他写下遗嘱,在遗嘱上写了:"余一子早故绝嗣,女孙玉章所出长男应承嗣马姓,为余之继承人。"三月后,我生了一个女儿,妈妈告诉爷爷,他说:"可惜是个女的。"妈妈安慰他说:"叫猴子再给您生个男的。"爷爷叹了一口气说:"我看不到了。"后来,爷爷自我安慰地说:"生个女的比没有好,女的我也要,告诉他家,玉章的孩子我全要了。"他还问妈妈:"好吗?"妈妈说好得很。我爷爷也有点"老封建"!

爷爷去世前数天,他突然对我说:"你是爷爷唯一的宝贝,爷爷没留给你什么,连是你的钱,爷爷也没留给你。你恨爷爷么?"我听了心中很难过,流着泪回答说:"爷爷,是您把我教养成人,您给我的恩德也已够多了。"爷爷又说:"我连累

了你。我死后,你回国去参加抗日。"谁能料到这是爷爷最后一次和我的谈话。最后我听到的声音是微弱的"消息、消息。"

爷爷去世已四十三年了。他虽然是个普通的人,但是我最亲爱的人,他永远活在我的心中!

于右任知遇马相伯

傅 蓉

清末陕西三原于右任,凭寒窗苦读,得中举人。1904年他赶赴河南开封参加会试,这时他的《半哭半笑楼诗钞》问世,洋溢着反清激情的诗篇,引起朝廷的惊恐而下了一道捉拿于右任的圣旨。幸得友人相助,他匆匆离开开封而直奔上海以避祸。但他不知道《申报》已登了关于他的通缉令。

于右任在上海举目无亲,加之又囊中羞涩,住在法租界一家小客栈里,但他仍然坚决地剪了脑后的长辫子。正巧几位震旦学院的学生来访,告之他们的院长马相伯先生从报上得知他的消息,很为他担心,并一直打听他的下落,于是邀他一起去见马相伯先生。马老和蔼地问他:"你是否愿意到我们震旦来读书?我们决定免你的学费和膳费。"于答之:"这太麻烦先生了!"马老站起来,双手抚着他的肩膀说:"余以国民一分子之义务,为子作东道主矣!"

于右任入学震旦,为了避免当局找麻烦,化名"刘学裕"登记注册。从此于右任立马老门下,并很快成了马家常客,师生知音而莫逆。

一年后,法国教士乘马相伯因病不能视事之机,取而代之,并尽改学院的进步方针,引起学生群起离校。于右任被马老留为私人秘书,又创办了复旦公学,以收容从震旦退学的学生。于右任一度离开马老,为革命而办报。当报为清廷封闭,马老又延于在复旦讲授国学。

辛亥革命后,于与马老之交弥笃。每当马老生辰,于总往庆贺。1936年1月22日,于右任建议南京政府邀马老移居南京,以便就近照顾。为解决马老生计,于和冯玉祥将军相商后,冯玉祥把"国府委员"一职让给马老,以使他有丰厚的薪俸。

1939年4月6日,为庆祝马相伯百龄大寿,远在重庆的于右任挥毫题辞曰:

当全民族抗战之时,遥祝百龄,与将士同呼万岁!

自新教育发萌而后,宏开复旦,论精神独有千秋。

同时,于右任又亲撰寿联"大邦人瑞,民族导师";还写了长文《百岁青年马相伯》,以宣传马相伯先生的爱国精神。

马相伯先生也日夜惦念着这位高足,百龄庆后,他集了一副对联回赠于右任,一片深情溢于字里行间:

古之遗直也,中国有人焉!

1939年11月4日,马相伯先生病而不治。于右任闻噩耗后,挥泪题辞:

光荣归上帝,生死护中华。

在重庆各界举行的追悼大会上,他代表重庆各界宣读祭文,一字一泪,在场的人无不为之动容。

于右任到台湾后,仍然时时思念着青年时代的恩师。1958年,在台湾省桃园县,已是耄耋之年的于右任,欣然参加了复旦中学的校庆典礼。

我所见到的李校长

章 益

　　我所见到的李校长是一位仁慈的李校长。余始拜谒师座,在民八"五四"学潮澎湃之际。时余肄业梵王渡,因首倡加入学生运动触怒学校当局,同辈五六十人,见摈离校,穷无所归,仓皇谒师,立赐容纳。令人真有"广厦千万间,大庇天下寒士俱欢颜"之感。其后每有灾区学生或清贫子弟,不能缴纳学费者,师辄欲捐俸资助。至于社会公益事业,出于师之主持者甚多。所谓民胞物与之怀,师实有焉。

　　我所见到的李校长是一位热情的李校长。自"五九"国耻以来,国难日亟,师蒿目时艰,慷慨奋发。领导青年,从事救国工作。其迈进精神,虽少壮者尚难望其项背。客岁政府召集国难会议,师在被邀之列。常著论痛斥当事者之因循误国,字里行间,热情愤溢。于发稿前,持以示益。因叩措词是否过于严峻。师奋然曰,"设能促起有司之觉悟,则虽开罪个人,予岂恤哉?"近航空救国之举,师复奔走提倡,不遗余力。时人每称复旦师生热心国事,实则出于师亲身倡率者,盖太半也。

　　我所见到的李校长是一位宽大的李校长。师与人谈,无疾言厉色。虽面责人过,亦出之以关切,受之者感悔而不知怨。然亦间有少数人不能充分认识师之为人,师仍坦然置之。谈及时,仍然称道其长。忆民十三年师告假南渡,送行者惟余一人,舟次惜别,黯然神伤。师但勖勉为母校前途努力,言不及他。其宽大胸怀,最足为后进模楷。

　　我所见到的李校长是一位循循善诱的李校长。在复旦公学时代,学校规模尚简,师于办公而外,自任教课甚重。益亲从受业者有哲学、心理、法文诸课。每日督课甚严,同学中无不兢兢研习。然师在教室中极善诙谐,以流畅之英语,发挥书中精义,插以诨语,听者绝倒。故虽课业严重,而同学辈咸不觉其苦。师常作谑语曰,"昔日曾受余骂之学生,今皆已铮铮有声于社会,可见予之骂人,不啻制造成功者之秘方也。"今者校务日繁,师无暇兼顾教课,后来同学,虽随时可以晋见,然不及亲承学业。在此点上,予诚不能不对之自豪矣。

　　我所见到的李校长是一位博择众善的李校长。师主持母校三十载,凡有兴革,鲜以个人意见出之。上及教授,下及学生,每普遍咨询,然后择善采纳。在昔大学规程未经颁布,当时各大学行政,多出校长独裁,而在我校则因李校长素重民治精神,首由校长创设正式评议机关,于时称曰行政院,完全出于师座自动的建议而设立。其后逐渐蜕化,乃有今日之校务会议。此种制度,实开全国大学行政之先河焉。

我所见到的李校长是一位专心教育的李校长。时人语曰:"举国各大学中,以教育为终身事业,数十年如一日者,北有张伯苓先生,南有李登辉先生二人而已。"此为尽人皆知之事实,原无需余赘述。惟近阅史籍,见载有民国初元时一段史实:当时民国初创,需才孔殷,外交人才,需要尤迫。武昌政府,曾致电海上,邀师出任外交。师以学务不愿抛废,乃荐王儒堂以自代。以视今人奔走利禄之丑态,能不令人倾倒于前辈恬淡之风乎!

经曰:"仰之弥高,钻之弥坚,瞻之在前,忽焉在后。"记曰:"高山仰止,景行行止,虽不能至,然心向往之。"余之于师,亦具斯感。今值师六十晋一寿辰,同学会刊有专号之举,索文于余,谨就个人所见,敷陈如右。诚知管窥蠡测,不免贻诮于同学诸君也。

陈望道轶事

季鸿业

陈望道(1890—1977),浙江义乌市何鲤乡分水塘人。原名明融,又名人融,字望道,号参一。正因为他有个"人融"的名字,后来他宣传共产主义时,不理解的乡人曾给他取了个谐音的绰号,叫"寻穷"。

1919年冬,陈望道因"浙江一师风潮"离开杭州回到义乌家中,从事马克思主义的研究,并着手翻译《共产党宣言》。他是根据日、英两种文本译的,地点在现存的一座九间的房子里。1920年4月脱稿,5月即应邀携稿去上海,8月这第一部中文版的《共产党宣言》就在上海正式出版。他对共产主义的传播和中国共产党的建立,作出了不可磨灭的贡献。

有人写文章说陈望道是躲在破败的柴屋里翻译的,夜里连油灯的光都要遮掉……,其实并非如此。那时是军阀割据时期,地方的基层组织并不严密,乡间除了有一个"保正"做乡绅的差役外,权力全在乡绅手里。陈望道的娘舅张纯奇和他父亲陈君元,就是那时何鲤乡的著名乡绅。何况他翻译

《宣言》时,中国共产党尚未建立,根本无须躲在柴屋里去翻译。我还清楚地记得:在我八九岁时(1921年前后),陈望道的父亲来到我家,对我父亲说:"我家人融是共产党,他说田地没有用,所以我把田卖掉给他们读书。"那时,他是到处公开宣扬的。

陈望道不但说服他父亲看破土地家产,卖掉给弟妹们读书,两个弟弟(伸道、致道)都大学毕业,他还在本乡组织过"青年同志会",提倡妇女剪发、放脚,而且从自己家里人做起,从两个妹妹和妻子做起,一时带动了不少妇女摆脱那缠足的痛苦,在当时也是件难能可贵的革命行动。

陈望道论才子与学者

何鸿均

抗战时期,陈望道执教于重庆北碚夏坝复旦大学,兼新闻系主任,主要讲授伦理学与修辞学两门课程。陈先生讲课时,并不拘泥于课本,而是随时拈取教材,不断出新。有次讲到动名词的用法,适值美军在阿图岛登陆,他说:"最近,我对重庆各报标题作过比较,多数标的是'美军在阿图岛登陆',而《大公报》却不然,它把登陆二字用作动词,标为'美军登陆阿图岛',就显得很有力量。"讲到女性的代词,他说:"但须掌握其特点,随处可得。从'六宫粉黛无颜色'一语,可摘取'粉黛'二字作为女性代词,可以说'粉黛'来矣!"他又道:"现在女性喜着旗袍,也可以说:'旗袍'来矣!"陈常强调概念的准确性。某次,有学生问:"才子与学者是否同义语?"陈答:"非也。所谓才子,其今日之言可以异于昨日,其明日之言可异于今日也。而学者则不然,学者之言论与主张一致,既连续,且系统,不轻易改变也。"他进而补充:"准此,所谓政客与政治家,亦非同义语,即可依次类推。"

陈望道识才爱才

王 火

1944年复旦大学在重庆招生，湖南青年张啸虎报考新闻系被录取。张啸虎的录取是很特殊的。他数学考了零分，但作文（一篇白话文，一篇文言文）都考得一百分。我还记得白话文的作文题是《秋夜》，文言文的作文题是《大道之行也，天下为公》，两篇作文规定两小时用毛笔完成，作文能考得满分一百，是复旦大学考试史上历来没有的。按照规定，主科如果有一门吃了"鸭蛋"（零分），就不能录取，但啸虎的作文得了一百分，是"史无前例"。新闻系主任陈望道老师爱才，认为一个投考新闻系的学生，一支笔这样棒，应当破格录取。经过他力争，终于打破常规，啸虎被破格录取。

这事传开后，颇为轰动。我还记得很清楚：新闻系开迎新晚会的那天，望道老师特地向大家介绍了张啸虎，许多同学都要这位"才子"站起来让大家瞧瞧。那时，年轻的啸虎还有点腼腆，站起来时红了脸。

这位"才子"五十年代初在辽宁广播电台工作，1957年后沉沦了二十二年,1979年才进入佳境,任湖北省社会科学院研究员、文学研究所所长。不幸身患骨癌,于1991年逝世,留有文论和散文、译文等著译二百余万字。

新中国第一位女大学校长

王增藩

80年代初,美国著名科学家、两次诺贝尔物理奖获得者巴定教授访问中国。他回国后称赞说:"在中国科学界中,谢希德是属于最有影响的人士之一。"实际上,她不仅在科学界,而且在教育界,特别是高等教育界的贡献,也是卓著的。

1983年复旦大学春节团拜会,师生员工的代表欢聚一堂,共贺新春。就在这次集会上,校党委书记盛华宣读了国务院任命谢希德教授为复旦大学校长的决定。热烈的掌声在会堂里回荡。人们不约而同地向这位物理学家、中国科学院学部委员、新当选的中共第十二届中央委员、新中国高校第一位女校长谢希德教授行注目礼。

"论经验和威望,我不能同前任校长陈望道教授和苏步青教授相比,但作为一个共产党员,我有决心在有限的任期内,依靠集体的力量,完成党组织交给我的任务……"

她的"就职演说",诚恳谦逊,朴实无华,但我们仿佛看到谢希德那颗纯洁、火热的心……

谢希德向来重视教育理论和实践,把教育事业当作自己肩上不容推卸的责任。在此任命前,她就细心研究身临其境的高校教育,发表过许多论文。

例如,1981年5月14日,谢希德在《人民日报》上提出调整高校物理学科的招生人数的建议。她认为,自1978年后,我国许多工科大学纷纷办起了物理专业班,招生人数之多,已引起国内外物理界同行的关注。重点中学凡是名列前茅的学生,很多都报考了重点大学的物理专业。1980年上海市高考录取的前10名学生中,进复旦物理系学习的就有6名之多。成绩好的学生都报考物理专业,农科、医科、工科、文科招生的质量就受到影响,而物理专业人才的培养,并不是在短时间内能奏效,也不可能所有的人都成为出色的物理学家。优秀中学生把眼光只看到物理,很可能会埋没了在其他方面有造就前途的人才,这对整个国家各类人才的培养是不利的。她认为,搞四化建设,理、工、农、医、文各类专业人才,必须有一个合理的比例结构。

她还认为,无论是工科院校还是综合大学,都应朝理工结合方向发展,但不是以办理科作为工科院校实行理工结合的主要手段;即使办理科班,其发展速度,也应与国家需要相适应,更要根据各校的条件来决定。在国民经济进一步调整中,应当总结工科院校试行理工结合的经验,应该提倡有条件的综合大学,发展技术性较强的学科。还可以根据前几年已有的经验,引导部分理科毕业生报考工科研究生,再学二三年。

这样的理工结合，也许能培养出一些人才。工科院校今后也可适当多配备一些理科师资，少招些理科班学生，抽出部分力量开展一些与工科相结合的应用基础研究工作，以及在工科专业的教学中，增加一部分理科的内容；同样，综合性大学也可根据条件增加一些工科的内容。

谢希德的这些意见，在高等学校产生很大的反响。1982年6月4日，她又在《文汇报》上发表《发挥综合大学理科优势，加速技术科学的发展》一文。同年，她对《人民日报》记者说，在党的十二大开会期间，她曾与教育部长何东昌同志就上述问题交换了意见。她认为，培养人才要和搞经济一样，搞得活一些。要预见到随着现代科学技术的发展和人才培养的需要，教育制度也要相应地有所改革。她说，我们现在大学理科的专业设置、培养目标、专业训练和教学计划，都大大落后于现实生活的要求。"我曾经讲过现在物理系的学生过多，有人担心这样一讲，好学生都不学物理了。其实不会。因为这不是说不需要培养物理方面的人才，而是说目前学物理的学生过多，和培养其他专业学生不成比例，这样不仅不利于各学科之间的平衡，也不利于各种人才的培养。"

谢希德在任校长之前的这些认识和考虑，对后来领导复旦大学的教育改革，起了重要的作用。

1983年8月，正值学校放暑假，人们在学校里找不到谢校长。有人便猜想：她也许外出避暑去了，也许闭门修养。然而，大家都猜错了，她还正在工作呢。学校值班室的电话

铃响了：

"我是谢希德，请您提供两个数字……"值班秘书很快记下校长的要求，并且从有关的资料中查到，电告了谢希德校长。

原来，谢校长正在自己拥挤的书屋里修改、审定1984年至1990年学校发展规划初步设想。那几天，正是上海有史以来少见的艳阳天。赤日炎炎，挥汗如雨，连日气温高达37℃至38℃。然而，谢校长没有去度假，差不多每天都从家中赶到学校来，10天之内，主持两次会议，对规划作了大的修改。她向中央领导汇报自己对办好重点大学的设想，提出：一个大学能办好的关键是：1. 党的领导坚强，校级领导班子要健全，有威信，才能调动广大师生的积极性；2. 要有较强的师资队伍，实验室的条件较好；3. 学生入学质量要高，进校后能得到较好的培养；4. 学科门类要比较齐全，理论基础深厚，具有开发新学科和边缘学科的能力，才能为四化建设作出较大的贡献。

接着，她又从师资队伍、已取得的成果、教学质量、在国际上声誉几方面，提出了评判和检查的标准。谢希德与全校党政领导、师生员工为复旦大学被确定为全国委属大学重点建设项目，付出了艰辛的劳动。从她向中央领导的汇报提纲上看，谢希德对复旦大学的情况是十分熟悉的，发表的意见也是中肯的。

自从谢希德担任复旦大学校长后，学校教职工每学期开

学时，都能听到她的工作报告和学校在新学期的打算，这已成为不明文的制度。她的报告既讲成绩，又讲问题，言简意赅，一个小时之内散会，深受师生员工的欢迎。这样的会议，不仅使师生们了解到学校上学期做了哪些工作，本学期有何打算，还感受到一种新的会风，正在复旦大学形成。

其实，要做这样一次报告，谢希德不知花费了多少宝贵的时间和精力。细心的人们可以从报告的讨论稿上，看到谢校长留下的密密麻麻字迹。在开会之前，讨论稿几次印发党委书记、副校长和有关部处领导征求意见，由秘书汇总后，再推敲定稿。身为一校之长，把自己的领导工作，自觉置身于师生员工的监督之下，这是多么难能可贵的啊！

谢希德，这位建国以来的首任女大学校长，把大部分精力都投注到学校的领导工作中去。她深知自己身上的重任，也希望工作有新的突破。但她又是求实者，不说过头话，还要求多做少说。

她要办公室主任报告，新的学院成立后，都做了些什么工作；办公会议决定的事项，落实了多少？她想多了解基层实际情况，以便更好地领导学校的工作。校际交流、学术活动已占去了她许多宝贵的时间，她忙极了，但她仍然坚持了解基层。一次，她走在校园西南角的小道上，有人投来疑惑的眼光，问她是否走迷路了？谢希德笑着对他说："没走错，我是到系里去参加校长办公会议的。"

在数学系资料室，该系的党政领导及部分骨干教师，与校领导聚集一堂。原来这是校领导下基层召开校长办公会议。教师首先反映，数学系资料室的图书期刊原来比较齐全，由于图书价格调整，现在要维持原订图书期刊数量已相当困难。校长们听了教师的发言后，从图书资料的重要性出发，与同来参加办公会的同志一起商量，决定一方面积极争取国家教委给予特别支持，又力所能及地适当增拨部分图书经费。在校领导的关心下，在名誉校长苏步青教授的大力支持下，复旦大学数学系图书资料及时得到补充，并加强了管理，已成为国内数学界闻名的资料室。

谢校长就是这样，经常带领一班人马到基层办公，为基层办实事，解决具体问题。在她任职期间，这种联系基层的作风一直坚持下去。与此同时，她还采取约请干部到办公室讨论问题的办法，帮助解决实际问题。这一切表明，谢希德校长在追求：服务。

提起谢校长的阅文办公，秘书会滔滔不绝地告诉您她有别于他人的办公方法。一踏上校长办公室楼梯，她已考虑好工作程序。"小姜，今天有没有来文？请给我准备一些文件。"

秘书早就摸透她的脾气，马上递过来早已准备好的文件夹。谢校长便紧张地批阅起公文来了。她的批示字数不多，但都很具体明白，办公室的秘书喜欢领导这样的批示。

谢希德工作效率很高，手表分针转不到一圈，谢校长就把一大摞文件、报告送出来，该由她签署意见的，都能从中找

到答复。这不仅需要真知灼见,更需要果断快速。要是召开校长办公会议,她都会在讨论前,给每个议题规定时间,希望在事先阅读书面材料后,长话短说,节省时间,讨论重要议题,并随时把离题的议论拉回来。这又表明,她在追求:效率。

人们尊敬校长,因为她平易近人,和蔼可亲;人们信任校长,因为她坚持原则,实事求是。许多人写信向她反映问题,她总要亲自拆阅,并嘱咐回函。上门找她的老师、学生络绎不绝。

早晨,谢希德通常都是先到物理楼科研室,然后再步行到校长办公室的。这段路程虽然距离不远,但有时要花去不少时间。她走不快,但也不是那么慢,用物理学上的术语是,路上的"平均自由程"太短,"碰撞频率"太高,就像高压容器中的分子,运动了很短的距离后,就会与另一个分子碰撞。有礼貌的学生,会说一声"老师好",或投来敬佩的微笑。有些教师希望谈谈分配房子的事,或要求关心一下他们的职称评定之事,把谢希德拦住了。有一次,路上行人特别少,却遇到一位在新闻系进修的学生,他正在进行摄影实习,谢希德被他选为练习摄影的对象,至少耽误了几分钟。

在大家的心目中,她是堂堂复旦大学校长,是女科学家,了不起的名人,而她却以普通劳动者的姿态,生活在人们中间。按照她的身份,上下班每天可有小轿车接送,可是,在接送教师来校上课的大型早班客车上,人们时常看到校长的身

影。有人问她,乘坐复旦大学的"巨龙"班车有何感想？谢校长不假思索地说：

"我觉得这是一件非常愉快的事,在车上既可以提前处理一些公事,又可以借这个机会与同志们交谈,静听各种议论。从校内的事到天下事,都可以成为车内的话题,其中也有发牢骚的,但也不乏独到的高见。特别有意思的是,车内总有一二位不愿隐瞒自己观点,也不善于窃窃私语的同志,不时发表一通高见,而获得一些同事的共鸣。"在巨型客车里,老师对学校的意见和要求,就在车上得到了交流；学校有些重要决策,又通过谢校长的宣传深入人心。有一年元旦,学校机关干部、职工举行联欢会,她兴致勃勃地和大家一起,同台歌唱我们伟大的祖国。

难怪外宾在见到谢希德校长时,都惊讶地说："看不出她是一位有如此重要地位的人物。"是的,她又在追求：平凡。

与古人交友的人

吴中杰

郭绍虞先生是复旦中文系唯一的一位一级教授,——当然,陈望道先生也是一级教授,但是,他做了校长之后,就离系而去了,不再教书了,所以,实际在系里教书的一级教授,就只有郭绍虞先生。

但是,这位一级教授却不是科班出身。他不但没有上过大学,就连中等学校也没有毕业,只在土木工程学校读过一年书,相当于初中一年级水平,就去做小学教师了。但他十分努力,自修文史,以扎实的论文引起学术界的注意,终于走上了大学讲台,可以算是自学成才的典型。当初胡适就很赏识他,推荐他到协和大学教书,协和大学校长一看他的学历,很不放心,特地派了一位教授去对他进行考核。倾谈之下,那位教授认为他很有学问,复命之后,校长就聘郭先生为文学院院长。从此郭先生就成为有名望的教授,后来还做过燕京大学文学院院长、同济大学文学院院长,1952年院系调整时,他从同济调到复旦,做了复旦中文系主任。

郭先生年轻时大概颇为活跃,他写过体育史著作,从事过新文学运动,是文学研究会发起人之一。据说,文学研究会在北京酝酿时,本没有沈雁冰和叶圣陶,还是郭绍虞先生提名介绍的。郭先生与叶圣陶是小学同学,关系一直很好,与沈雁冰也是老朋友。

但是,在我见到郭先生时,他已经是一位60多岁的长者了,动作迟缓,讲话慢条斯理,带着一口浓重的苏州腔。大家都尊称他为郭老,——高班同学有时叫他"郭老板",那是为了要他多拿些钱出来开迎新会之类。当时高校教师收入较高,而且师生关系也较为融洽,每有迎新会联欢会之类,学生会干部就到各位老师那里募钱,教师们都会认捐一些,郭老是系主任,工资又最高,每次出的钱也最多。但1957年之后,师生渐渐隔阂,再也没有这类事情了。

郭老住在复旦庐山村时,客厅里挂着一幅水墨立轴,画着郭老的全身像,长袍布鞋,手持书卷,面带笑意,一副敦厚的样子,非常传神。

我们读书时,郭老身体很不好。血压高,有时还到了危险的境地。但他仍很用功,努力接受新理论,修改旧著《中国文学批评史》,1955年就出版了修改本。复旦地处郊区,夏夜多蚊,那时设备又不好,听说郭老是穿着高筒胶鞋来工作的,这种精神,着实令我辈后生小子感动。后来搬到南京西路住,条件好些了,郭老年事虽高,但始终笔耕不辍。据他助手说,郭老每天起得很早,梳洗后即进书房工作,午饭后,略

作小憩,再工作到傍晚。因为年老,晚上才不工作。也不大有什么娱乐活动,只偶而听听评弹,这是苏州人的普遍爱好。因为郭师母张方行女士非常能干,而且对郭老体贴入微,衣食住行什么都安排得好好的,连郭老所吃之药也都送到手边,不用他分心,所以郭老从来不理家务事,一心只读圣贤书。有时,郭师母为了要郭老休息一下脑子,安排他干点摘豆芽之类的轻活,郭老干了一会也就不愿干了,仍旧去读他的书,写他的文章。晚年犹如此用功,年轻时更可想而知了。我想,一个中等学校都没有毕业的人,成为权威学者,做到一级教授,就是这样努力出来的吧!

有人问郭老:"你这样一年到头,一天到晚地钻在书本里,不感到枯燥吗?"他答道:"与古人交友,其乐无穷。"的确,他对自己家里的事很少过问,大都是一问三不知,但对古人的油盐酱醋,却搞得极其清楚。郭老以《中国文学批评史》名世,搞的是宏观研究,但与时下超越微观的宏观研究不同,他的宏观研究是建筑在微观研究的基础之上,所以功夫非常扎实,书中没有空言套话。我们只要看看他后来收入《照隅室古典文学论集》中的文章,就知道他对于中国古典文学和文论各个细部所下功夫之深,可见《中国文学批评史》写作的成功不是偶然的。60年代初,他受命主编《中国历代文论选》,能够胸有成竹,指挥若定,也就不奇怪了。

郭老学识渊博,治学范围很广。除了文学批评史之外,他还对语言学下过很深的功夫。早年出过《语文通论》和《语文通论续编》二书,很受学术界的重视,还有其他一些文章,后来都收入《照隅室语言文字论集》中;晚年又写《语法修辞新探》,与吕叔湘、陈望道持异议,独创新说。所以他不但是文学批评史权威,同时还是重要的语言学家。而这两门学问,对他来说,又是相辅相成的。

郭老学问虽好,但口才却实在并不怎么样。他给我们上《中国文学批评史》课程时,慕名来听者很多,一间不小的教室都挤满了,那时蒋孔阳先生还是青年教师,自愿参加辅导,阵势很为壮观。但是郭老讲课时,满口苏州的口头语:"这个,这个;在咕,在咕",总是讲不清楚,再加上他自己所说的"中气不足",声音轻微,教学效果并不好。听他的课,远不如看他的书来得带劲。郭老虽然是语言学家,文章也写得极其规范,但讲话却常常既不合语法,也不讲修辞。同学调皮,经常学他在迎新会上所讲的一句话:"我们今天欢迎新伙伴,我们大家一起来伙伴。"可见他并无即席讲话之才。郭老虽然有此短处,但因为他学问大,对人好,所以无损于他的威信,同学们学起他的话语来,反而有一种亲切感。

郭老乐于助人是有名的。听说他在燕京大学教书时,有一个学生在旅馆里生了重病,又无钱付费,店主人要赶他出去,在百般无奈时,他说:我是燕京大学学生,你可以打电话找我的老师郭绍虞先生,他会给我想办法的。郭老接到电话之后,果真为他付了钱,并把他接到家里来治病。抗日战争初期,因为燕大是美国人管的教会学校,日本占领军不能插

手,郭老在文学院院长的位置上帮人做了不少好事。比如,他为周作人安排了课程,使他有些收入,能够渡过难关。只可惜周作人辜负了他的好意,还是下水了。调到复旦之后,郭老的工资收入虽然远不如在燕大和同济时多,但仍旧乐于助人,给有困难的教师送药送钱。文革后期,施昌东患了癌症,开刀后需人照料,但妻子远在四川,照顾不到,施昌东是"右派分子",虽已摘帽,而仍被视为异类,要想通过正常手续调来妻子是不可能的,他曾写信给当时很走红的某教授,要求帮助,却如石沉大海,一直得不到回信,他又去求助郭老,还是郭老设法疏通,才把他的妻子调来。郭师母还叫郭老的助手送蛋、送钱给施昌东。

郭老虽然在解放前社会地位就很高,工资也很高,但他深恶当时的腐败现象,对新中国是热忱欢迎的。他是解放后较早一批加入共产党的高级知识分子,入党时,还把他在苏州的99间房子上交给国家,可见其虔诚。但因为他老先生是与古人交友的人,终日沉浸在古人的世界里,对于现实政治的各种微妙关系其实并不了解,他曾努力辨析,但是愈辨愈糊涂。记得文化革命期间工宣队进驻后,搞什么"抗大学习班"要"清理阶级队伍",在清理过程中,把郭老也批判了一通。郭老作了一个发言,竭力想辨清"错误"与"罪行"的区别,意谓他有错误,而没有罪行。但那是"口含天宪,朕即王法"的年代,怎能容你进行理论辨析呢?我们只觉得他书呆子气十足。解放以后,他总想努力跟上形势,但却跟得很吃力,而又做了很多无效劳动。大跃进年代,他根据当时流行的"现实主义与反现实主义斗争"的理论修改他的批评史,出了《中国古典文学理论批评史》上册,这个修改本不能令人满意,宋以后的部分就没有再修改下去;文化革命后期,他又根据儒法斗争的理论来修改他的《中国文学批评史》,当然更加困难重重,终于没有能够出版,"四人帮"就被打倒了。这与跟风不同,郭老实在是想跟上形势,虔诚地接受新理论,而对这种"新理论"的政治背景却缺乏了解和认识。

但是,郭老在民族大节上,却是分辨得非常清楚的,——这也是中国历代知识分子的优秀传统。1941年太平洋战争发生之后,美国成了日本的敌方,燕京大学也就被日军所占领。有人来引诱郭老下水,为郭老所坚拒。郭老最后一课为学生讲解《诗经》中的《黍离》,当读到"知我者谓我心忧,不知我者谓我何求。悠悠苍天,此何人哉?"时,台上台下,一片唏嘘。此情此景,有如都德在《最后一课》中所描写的样子,多年之后,闻之犹令人感动。

从郭老身上,我们可以看出中国知识分子的崇高精神。

郭绍虞和他的书法

谷苇

说到郭绍虞，人们往往首先想到他是一位"著作等身"的中国古典文学研究家，一位"桃李满天下"的教育家。实际上，他同时又是一位备受尊敬的书法艺术家。他的行书，骨格清奇，峻峭挺拔，所谓"字如其人"，人们总把它当作郭老人品的"艺术再现"。这不是没有道理的。

1981年上海书画出版社出版了一部极其珍贵的《萝轩变古笺谱》，其中的序言就是请郭老亲笔书写的。当时，他以"望九"的高龄一笔一划地用他的"柳体"行书，数易其稿地写成了这篇千余字的序文。现在已经精印在《笺谱》之上，并且成为书法艺术爱好者认真师法的楷模了。

郭绍虞为《萝轩变古笺谱》写序文，有一段十分值得注意的背景。将近半个世纪以前，鲁迅与郑振铎共同努力，百方搜集，编成《北平笺谱》以后，就遇到了一个请谁缮写序文为佳的难题。曾有人建议这篇序文由大名鼎鼎的钱玄同来缮写。当时，钱的书法也确负盛名。可是鲁迅与郑振铎书信往返,再三研究结果,还是决定请郭绍虞来写。鲁迅在信中说:"我只不赞成钱玄同,因其议论虽多而高,字却俗媚入骨也。"鲁迅的话,当然反映了他自己"知人论书"的观点,未必人人皆能同意的。但是,从另一方面却正表现了郭绍虞的书法,决无"俗媚入骨"之处,而是刚健正直的。所以有人说,郭绍虞的字有"包龙图"的脾气:刚正不阿,有"海青天"(海瑞)的格调:铁骨铮铮。虽然好像是"说笑话",其实我倒觉得是含有几分极朴素、极通俗的真理在内的。君若不信,不妨去找出《北平笺谱》和《萝轩变古笺谱》中郭老所写的法书,一读便知。

郭绍虞的书法作品近来所作不多,所以益形珍贵了。因为他年事已高,手足乏力,往往提笔之后,时有颤抖现象。但是郭老不服老,终于想到一个好办法,就是从屋顶上挂一根绳子下来,吊住手腕,"助我一臂之力",居然可以"运斤成风",下笔如有神了。近年来屡见之参加国际、国内书法展览的作品,偶而题赠友好、学生的书件,往往都是这样艰苦地写成的。

郭老作书,态度极为严肃认真。我不止一次地在他的案头发现,往往同一个朋友请他写的字幅,他总要反复写成几张,然后才"择其善者而与之"。他说:"我的字总怕写不好,若是自己已觉不满意的,就千万不能送人。"他写字时这种一丝不苟的精神,正与他一贯的严谨不懈的治学态度、平生如一的诚恳待人的处世态度,完全一致。

在书法艺术界里，郭老又是"老少皆喜"的"大家的好朋友"。已故的书法家沈尹默，现在健在的书法家王个簃、谢稚柳等都与他建立了很深厚的友谊。对中青年书法家如周慧珺、陈佩秋等，他也总是赞佩有加，这使比他年轻的书法家更加敬重他，由衷地愿意亲近他、学习他。而他对书法理论的研究，对书法艺术的推广普及也总是尽力为之，不遗余力。因此在《书法》与《书法研究》丛刊上也时时可以看到他的文字，既有深刻精辟的多年积学的专题论文，也有浅近易懂的通俗短文。总之，用他自己的话来说："只要是对大家有用的，对发扬祖国书法艺术有好处的事，我都想做。"

"不以善小而不为"，郭老的这种精神也是值得提倡的吧！

记忆中的东润先生

骆玉明

在这清寂的长夜里,提起笔来,准备写下关于东润先生的若干往事,我不禁惊讶岁月已经过去了那许多。先生的小楼不过在我住处的百步以外,旧日的情景也清晰在目,而一切却又变得如此悠远。他长眠着,在故乡的土地上,而我依然碌碌地生,在他居住过的小楼旁。

先生九十多年的生涯,几乎就是一部历史,说来话长。我在这里,只是记下几件琐事,想以此见出先生为人的那一种既严格又宽厚的风格。

最初见到东润先生,是一九七五年我刚入复旦中文系不久,算是"工农兵研究生"。那时"儒法斗争"正讲得热闹,我所在的古典文学教研室也安排了一次关于杜甫的讨论会,先生被邀请到了会。他经历了自"文革"开始以来近十年的打击,心情不好,但只是以一种沉静而坚挺的神态,默默无语地坐在一旁。那一天刘先生也来了。刘先生是一位才华过人的学者,因了某种特别的机缘,也因了他多少有些玩世不恭

的机智,那一阵忽然很受上面重视,成为以"儒法斗争"为纲重写文学史的权威。刘先生一向健谈,什么事都好像当真又好像不当真,滔滔不绝说了许多。忽然,他注意到朱先生,似乎有些不好意思地停了下来,问道:"朱先生,你怎么看?你对杜甫是熟得很的啰。"我把目光移向东润先生,见他嘴角好像有一丝看不出的讥讽,只是冷冷地吐了几个字:"我是不懂的。"房间里一时静了下来,场面颇有些尴尬。这第一次的见面,令我觉得这位先生是一个很冷峻的人。

世事变迁,也是白云苍狗,难以预想。没有多少时日,那轰轰烈烈的十年,遭到应有的清算。而各种人因为各种缘故,对刘先生在"文革"中改写的那一部文学史提出严厉的批判。刘先生本人,也不幸患上癌症,郁郁谢世。那时我已在东润先生处读书,偶尔也提起刘先生的事。而东润先生怎样评价刘先生呢?他说:"刘先生好像一块石头掉在油缸里,拿出来洗一洗,仍旧是块石头。"又说:"人家要他那么说,他能不说吗?"谈到刘先生的才华,刘先生晚年的境遇变迁,东润先生总是有一种带着伤感的惋惜。这时我才懂得东润先生对于别人的理解和宽谅。这二种不同场合下的不同态度,恐怕都是很多人未必能够做到的。

我毕业留校后,又在东润先生指导下读书,继续进修。起初读《诗经》,每周由先生规定须读的篇目,而后讨论一个上午。讨论的方式,是由我先提出不懂的地方,请先生解释;当我认为已经弄懂以后,再由先生提出问题,要我回答。那时我还没有住进学校的宿舍,每次要从家中赶来,加之有晚睡晚起的习惯,常不免迟到。来迟了,总见先生已经端坐在书桌旁,周围整整齐齐堆放着几种要用的《诗经》注本,阳光从窗外照进来,映着先生矍铄的面容。我便不安起来,嗫嚅着说出一些理由。先生只是淡淡一笑:"没有关系的。上次读到哪里了?"于是开始新的课程。对于《诗经》,先生研究很深,早在三十年代,他的《读诗四论》已经名动一时。所以尽管我不敢偷懒,常在阅览室从毛传郑笺到清人注疏摊满一桌地死啃,对先生提出的问题,却老是目瞪口呆。这时先生会静静地等我一会,仍然答不出,他便说:"是有些难的。"而后一一讲解给我听。

我仍然迟到,先生仍然端坐着等我。他是想用自身的严格来训导我、纠正我的散漫呢,或仅仅是习惯?只是先生从来没有为此训斥过一次。不过,读完《诗经》后,我请先生为我讲《庄子》,先生对我摇摇头,说:"你不能读《庄子》,读了人就没有用了。"这实在是一个很严厉的批评。

我想不出以东润先生的品格,一生行事,有什么可以不安的地方。然而在他的心中,却实实在在有一桩放不下的事情。那是在"文革"以前,中文系有两位学生因为浪漫的恋爱纠纷,发生了一场不很严重的"决斗"。学校决定开除其中首先提议"决斗"的一个,而作为系主任的东润先生认为处分过重,于该学生前途影响太大,表示坚决反对。事情最后拿到一个会议上表决,由于学校已经做了说服工作,先生主张以

孤立的一票被否决了。那位学生,也因此走上了坎坷的人生道路。本来,先生已经作了努力,可以问心无愧的了,但直到临终前不久,他仍然牵挂着这件事情。他说,那时自己在做系主任,却没有能够帮助这个学生,以至使他和追随他而去的她遭受了许多挫折。说起那次会议上的表决,先生有些不满,似乎有批评其中一二位的意思,但终了也只是说:"也难啊……"

　　东润先生最后的一二年中,因多病而颇感寂寞,我们去看望他,他总是很高兴。但我因怕先生总是要问的那一句话——"最近做些什么事?"不敢常去。岁月便如此匆匆流过,先生已经长眠在家乡的土地上,而我依然碌碌地生,在先生曾端坐着等我来读书的小楼旁。我深知自己不能如先生的意愿,弃去散漫的习惯,成为一个严格的因而是有成绩的研究者,便只能以这长长久久的怀念祭奠他。

赵景深二三事

蒋星煜

四明里六号,是淮海路一座极为普通的弄堂房子。在我的记忆中,赵景深先生住在这里大概有四五十年了。

我每年总有许多事情要去请教他,或者和他商量。最近这四五年,因为他年事已高,找他的人太多,怕他太劳累,有时到了门口,徘徊了一下,没有揿电铃就回头了的情况也有。

下午三时光景,他午睡之后又醒了,在吃点心或喝茶的时候,我去看他,大概都选择这一个时间。

他总是坐在写字台前的椅子上,面孔向西,可以让朝南的窗子里照进来的光线更充足些,写文章或读书可以亮一些。

尽管最近三四年来,他有一只眼睛视力已完全消失,他仍手不释卷,笔不停挥,有时写信写稿笔迹纤细得像微雕艺术品,要说不吃力,那是假的。赵先生养成这样的习惯,总是要尽可能把字写得清清楚楚。赵师母和我谈起赵先生写的字,有时不禁笑起来。我们说,不知道的人还以为是十七八

岁的小姑娘写的,否则的话,何以如此笔笔纤细而娟秀呢?

我记得进房间之后,叫了一声"赵先生",他也不是立即就答应,而是把手中的笔或茶杯放下,再把眼镜取下,仔细打量一番,然后招呼:"蒋先生请坐。"我比赵先生整整小二十岁,而且是他的学生,他却仍以"先生"相称,我当然异常不安。但他一向谦逊惯了,一向平易近人到极点,我未便过于违拗,只好听之任之。

赵先生是以八十四的高龄于一月八日病逝于华东医院的。我没有能随侍在侧,我在北京开会,因天气太冷,室内又太热,一直感冒,一月七日回上海就病倒了。翌日,听到赵先生逝世的噩耗,心情十分沉重,同时吃了好几种中药西药,仍旧没有能起床。

扶病去开了追悼会。上海的文艺界以及其门墙桃李都来了,此外山东大学教授关德栋同志、扬州师院副教授车锡伦同志等诸位戏曲界专家也都专程前来,以表沉痛悼念之心,可见在戏曲界影响之广而深。

赵先生的女儿超林代表家属致答词,说到了赵先生的"三必"。即有求必应,有书必复,有问必答,在场的人都有亲身的经历可以作证。没有一个人不感动,许多头发雪白的老人都摸出手帕来揩眼泪,赵先生不是中国共产党党员,也从未以通马列主义而自许,但是,我认为他的"三必"精神,是一种十分崇高的精神境界。

在华东医院住了一个月左右才逝世,追悼会也十分隆重地开过了,赵景深先生已经离开了人间,离开了我们,这是千真万确的事实。然而,当我在春节的第二天,又到四明里六号时,人又迷糊起来,坐定以后,只见到赵师母仍旧坐在那张古老的沙发椅上,我左顾右盼,再也看不到赵先生安详和蔼的笑脸时,我不禁悲从中来,鼻子里一阵酸辛。向赵师母问了安,没有多坐,就让陪伴着赵师母的许琳同志送我下楼来了。

赵先生在教育培养中青年方面,尤其学术研究上,真正做到了"俯首甘为孺子牛",从来不计较别人对他是否尊敬或感谢的。赵先生执教六十年,桃李满天下,没有一个人没有深切的体会。我在这里只记载一下他病危前一个月内的几件事情:

先说华东师范大学中文系万云骏教授的两位硕士研究生论文答辩的事。一位名耿百鸣,写的论文主要研讨清初朱素臣、朱佐朝、李玉诸人剧作的特点,并称之为苏州派。一位名赵山林,写的论文是考证杨潮观的生平事迹和《吟风阁杂剧》的影响。学校请赵先生和我担任答辩委员。我觉得是很光荣的任务,同时又有了一次向赵先生学习请教的机会,很是高兴。赵先生没有敷衍了事,以八十四岁的高龄,以极度衰竭的目力,把两大本论文,仔细读完了。而且事先和我详细地交换了意见,取得了一致的评价。

听说赵山林同志还有考他的博士研究生的雄心壮志,赵先生也很高兴,风趣地对我说:"我的女儿叫超林,儿子叫易

林,他叫山林,人家弄不清楚,还以为我招了自己的孩子做研究生呢!"

那几天天气很冷,而且多雨雪,而赵先生睡在三楼,平时极少出门,在这大冷天接赵先生来学校,路上要半小时之久,行不行呢?中文系主任齐森华同志为此很踌躇,拿不定主意。因此,也向赵先生提出来过一个方案,论文答辩会就搬到四明里六号来开。赵先生却不同意。我说赵先生是热心人,有时真的忘记了自己是八十四岁高龄了。对赵先生的健康情况最了解的是赵师母,我们还是找赵师母仔细商量吧!后来真的和赵师母商量了,如果天气晴朗,阳光好,就上学校,但答辩会一结束,就必须立刻把赵先生送回四明里。天有雨雪,就请华东师大师生们到赵家来。

结果那一天天气特别好,赵先生兴致也好,在中文系办公室里,答辩会开得很热烈。为了说明苏州派戏曲创作的一些特点及影响,赵先生还引吭高唱了昆曲中与"家家收拾起、户户不提防"有关的一段唱词。

天气特别冷,写字手直打颤,我们主张表格由别人根据他的口述作记录填上去,赵先生不肯,还是要自己写,自己签名。

究竟是那么高龄了,两个答辩会开完,赵先生显得有些疲惫。万云骏教授和齐森华主任都十分不安。送赵先生上汽车回去以后,齐森华主任一方面对赵先生万分感激,一方面也感到下次研究生论文答辩再也不能惊动赵先生了。

四天以后,赵先生在家中由于绝对偶然的原因摔倒而脑溢血,消息传开,华师大的几位师生更感到难受。后来赵师母则再三声明:这事情和去华东师大丝毫没有关系,请他们不要为此而耿耿于怀。赵师母这样热情支持、密切配合赵先生培养中青年,也是十分难得的了。

关于第一届全国戏剧理论著作评奖,赵先生事先根本不知道要评荣誉奖,只是很关心我和陆萼庭、徐扶明诸人的作品能否入选的问题。因为我的《明刊本〈西厢记〉研究》、陆萼庭的《昆剧演出史稿》都是经赵先生亲自审阅并写序的。徐扶明的《元代杂剧艺术》也是赵先生审阅的,不过没有写序而已。

赵先生最关心的是这几部书是不是还可以?国内学术界的评价究竟如何?还有什么重大的错误没有?如果能得奖,他当然也很高兴。

评委会在承德避暑山庄进行初评后,本来已经产生了名单。因为要送上级审批,所以规定参加评委会的成员回去先不要透露,上海去的评委回上海之后,也没有讲详细情况和结果,这样就产生了纷纭的传说。

他和外界接触不多,但来探望他的人川流不息,所以信息很灵通。总是他先告诉我,说我所写的书已经评上了。有一次他告诉我,据说被评上是《中国戏曲史钩沉》,而不是《明刊本〈西厢记〉研究》。问我这是怎么回事,我说完全不知道。他笑着说:"是不是两本书都评上了?"我说不会的。事后我

才知道,他所得到的消息并非空穴来风,中州书画社推荐的是《钩沉》,后来评委会改评严敦易先生遗著的。

当得奖名单在《光明日报》等处正式公布后,我们屈指一算,赵先生本人是荣誉奖,他的学生还有四个人得了戏剧理论著作奖。这里所指第四个人,是指《王骥德〈曲律〉研究》的作者。因为这部著作是上海戏剧学院一九八〇年硕士研究生叶长海的硕士论文,赵先生不仅是审阅者,而且是论文答辩委员会委员。不过开会这一天,赵先生身体不适,写了书面评语是委托复旦大学的李平副教授代为出席主持并宣读评语的。后来出版单行本,序仍是赵先生写的。赵先生却风趣而又谦逊地说,对叶长海这部著作,他的关心比较少了一些,只能算一半。所以合起来是师生五个人评上了奖,他只是关心、帮助了三部半著作。

赵先生能不能去北京出席授奖大会呢?按照他的心情,很想参加,共襄盛举。他认为戏剧理论著作如此受到重视,是建国以来没有过的,在中国历史上,甚至世界戏剧史上,也没有过,他为之欢欣鼓舞。但是,天太冷,路太远,他就同意赵师母和大家的意见不去北京了。

他虽然不能亲自去,但他认为应该十分隆重而严肃地对待这次评奖,应该请一位代表去。他和赵师母商量的结果,不另外请人了,就派我兼做他的代表,要我代他向各位领导、各位同行问好,代他上台领奖。这样,他又亲笔用工楷写了一份委托书给我,让我面致评委会。他把事情考虑得如此周

到认真,使我受到深深的教育。

四天以后,他在家中患脑溢血,入华东医院将近一月,始终没有醒过来,一直在病危状态中。我定了十二月十五日的飞机票去北京,十四日下午又到病房里去,停留了十五分钟。要想问问他,还有什么吩咐、告诫,已经没有法子问了。但是,我仍旧存着这样的希望,我要一月上旬才回上海,那时也许已有好转,那么我将把大会的盛况详详细细地汇报给他听。我是怀着这样的希望一步三回首地离开病房的。

由于心慌意乱,赵先生写的一封委托书我竟遗留在上海,忘记带上飞机。到了北京,我遇到杜高同志、杨景辉同志时,首先就此事作了自我批评。他们却异口同声说,没有带来没有关系。"赵老同时直接寄了信来,说明委托你代他受奖"。而且他们两位说,刘厚生同志也看到了信,知道了。

问起赵先生的病,我说"没有脱离危险"。他们说:"听你所说,我们也稍稍放心一些,昨天有同志来,说开完会回上海就接着要开赵老的追悼会了。我们听了心里很难受。"我心里想,我们多么希望他能再教诲我们几年,总希望能好转的,我不忍心说那种绝望到极点的话,即使这是事实。

从北京回上海途中,我把大会颁发给赵先生的荣誉奖状用多层纸张包着,一心想能让他亲眼看一看,高兴高兴,结果这个愿望竟成了泡影。

我于十二月上旬最后一次在四明里六号见到赵先生时,还谈了两件事情:

他问我，我在日本东京不二出版株式会社那本《〈西厢记〉罕见版本考》既然已经在十月二十二日出版，为何还没有寄来。我也说不出所以然。回来后，立刻写信到日本去问，才知道寄给我的一大包没有寄航空，寄给赵先生的一本也没有航空，所以在中途耽搁了。赵先生为我这本书写了《题记》和《代序》，生前却没有能看到这本书。一直到赵先生的追悼会举行过以后一个星期，这书才从日本分别寄到我家和四明里六号。

还谈了他的博士研究生马美信同志的博士论文，是研究晚明文艺思潮的，说将来希望我能关心一下，我觉得这是一次很好的学习机会，当然一口答应了。

这几天先收到复旦大学中文系所发的博士论文答辩委员会的聘书，我还以为是他们最近研究决定的，后来收到赵师母的来信，知道赵先生当时就已决定了，而且和赵师母讲了。

写到这里，我不禁热泪盈眶。要做杰出的伟大人物，那一定要有各方面的条件。像赵先生这样对人"有求必应，有信必复，有问必答"却是绝大部分人都能达到的，但绝大部分人没有这样做，而赵先生一生是这样做的。

滑竿教授
——梁实秋先生印象

林斤澜

梁实秋教授当年在北碚复旦大学任教,到北温泉电化学校兼课。十多里路不坐车,也不坐船。班车拥挤又不准时,小轿车呢,战时的口号是"一滴汽油一滴血",连梁实秋这样的名教授也没有分儿。坐船要过滩,嘉陵江上水急滩险,那么,只好步行了。梁教授是别人代步,四川有一种叫做滑竿的,是两条竹竿上绑一把竹躺椅,没有遮盖,不叫轿子。这样抬着来上课的,只有梁实秋一位。

青年学生或多或少读过鲁迅的书,没有读过也总听说这两位在三十年代曾经论战,但在口头上一般只说做"叫鲁迅骂过的"。简化之中带有倾向。

论战的性质内涵,一般不大清楚。也有的学生大体记得些名句,梁实秋方面的有:无产阶级是只会生孩子的阶级等等。鲁迅方面的有:贾府上的焦大,不会爱林妹妹的。还有:要是无产阶级的人性高明,那么动物性更高明等等。

记得这些大意的,倾向性更明白了。

滑竿抬来,有一种土著老爷的味道。若是小车开来,当时的气味是新贵,或是发国难财。

冬日,江边山脚,也会飘飘柳絮似的南国飞雪,风也冻手。梁实秋小胖,穿皮袍,戴绒帽,围可以绕三圈的长围巾,圆滚滚仰在竹躺椅上。竹竿一步一颤一悠,一颤是抬前头的一步,一悠是抬后头的步子。南方穿皮袍,身上是不会冷的,可以发生一些诗意。

梁实秋下滑竿,直奔教室,脸上微笑,可见不当做苦差使。他不看学生,从长袍兜里掏出一张长条小纸条,扫一眼,就开讲。他讲的是西洋戏剧史,希腊悲剧,中世纪,文艺复兴。顺流而下,不假思索,只摆事实,不重观点,如一条没有滩,没有漩涡,平静可是清楚的河流。

一会儿法国,一会儿英国德国,提到人名书名,写板书,法国的法文,英国的英文……抗战时期,学生中多半是"流亡学生",学过点外语也耽误了。他全不管,从不提问,和学生不过话,更不交流。下课铃一响,揣纸条,戴帽子,围三圈围巾,立刻走人,上滑竿。

和别的老师,"进步"的和不见得"进步"的名流,都不招呼。

他的课经常满座。当时书不易得,流亡学生自有生活方式,读书时间也少。他的课显得知识丰富,条理清晰,叙述烂熟又动听。

回忆谢六逸先生

赵景深

我在1936年,曾经出版过一本《文人剪影》,这里面有一篇回忆文章谈到谢六逸先生。这文章是这样写的:

"最初使我记得谢六逸这名字的是他在《小说月报》上连载后来辑集起来的一部《西洋小说发达史》。这是一部最初的,恐怕也是到现在为止最好且也最详的西洋小说史。但他为了过分的虚心,竟自己将此书停版,于此,足见他治学严肃,同时也看出了我们学术界的贫乏。同类书中,如郑次川的《欧美近代小说史》,如某君的《东西洋小说发达史》,哪一本是能够赶得上六逸的这本书呢?不过,六逸的特长的确不是西洋小说史,他在这方面只是常识的提供。而他所专攻的却是日本文学。记得有一次我到他家里去访问他,他正在埋头写作《日本文学史》,案头堆着很高的一堆日文的古代文学作品,花花绿绿的书脊,约莫有四五十种,大都是硬面的。他能写出三本详略不同的日本文学史,并且译了很多的日本长短篇小说和小品文,可见他在这方面的素养的确是很深湛

的了。

　　他也很喜欢儿童。在《家》这篇小品文里,你可以看出他是一个多么能干的保姆。倘若你到他家里去,你准可以看出他的孩子们在他家里是处于怎样优越的地位。他特地替他的孩子们买了一张矮桌子,四把小椅子,放在客厅中间,让他们吃饭玩耍。我们向来是不把儿童放在心上的,让孩子们很吃力地爬上高的椅子,再让他们用尽气力伸长了手臂,踮起了脚,把筷子伸出去,才能夹到一块肉或一点菜叶。大人们心里究竟是否有些难过呢?把儿童看作缩小的成人的人,我以为应该学一学六逸。以前他替中华书局编过《儿童文学》月刊,并且译过供儿童阅读的《伊利亚特》和《俄德西冒险记》之类的书,这该是不失赤子之心的人应有的表现。

　　他又很幽默。但以自费办过《幽默》这小型刊物的他是并不把幽默做得逾分的。去年他与我们合照一张相片,他那胖胖的脸,嘴似乎要笑而忍住了地并成一线,幽默地瞪着眼睛,真像是和蔼的弥勒。

　　他又很喜欢小品文,并且自足于他那极其简朴的小庭园。但是,现在的时候使他连这一点点怡悦也无心享受了,也不能不喊出高亢或激厉的声音。"

　　事隔四十多年,倘若不是我先有一篇回忆文章,恐怕好多事都想不起来了。这篇回忆所写的两卷本《日本文学史》,说的是谢先生为北新书局写的一部最详尽的《日本文学史》,作为文学史丛书之一。其他还有徐霞村的《法国文学史》、林

惠之的《英国文学史》等。其他两种就是较简的商务印书馆本《日本文学史》以及最简单的开明书店版的《日本文学》。

儿童文学方面,《伊利亚特故事》是开明书店1925年出版的,收入徐调孚主编的《少年儿童文学丛刊》内。《俄德西冒险记》大约也是差不多时间内出版的。另外他还在世界书局出了《海外传说集》,这分为两部分:一部分是日本传说;还有一部分是罗马传说,其中有一篇《忠实的朋友》,类似中国的南戏《杀狗记》。

最近我收到贵州省社会科学院龙炘成同志来信说:"谢先生是我们贵州著名的作家、翻译家、学者,曾对我国的新文学、日本文学研究介绍、新闻事业和教育事业作出过不可磨灭的贡献。但多年来很少有人提到他了。最近从您在《艺术世界》1980年第一辑披露的《我所认识的老舍》一文中读到如下一节文字:'1930年7月份,我开始编辑《现代文学》,编了六期,就因刊登谢六逸译的片冈铁兵新兴小说理论,被国民党禁止停刊。'不禁喜出望外。您老所提及的一事,我在搜集资料过程中,尚未发现过。感激您雪中送炭,可否请您老抽空拨冗,就您所知道的谢先生的事迹稍谈详细一些。"

那么,我就来谈一下谢六逸先生在各方面的工作。据阿英的《中国新文学大系索引》,他为谢六逸先生简单地列了小传云:

"谢六逸,译者,一署宏徒,贵阳人。曾游学日本。文学研究会干部。译著不下二十种,主要者有《日本文学史》、《日

本文学》、《西洋小说发达史》、《文艺思潮史》。自著有《茶话集》等。"

另外,我查日本桥川时雄的《中国文化界人物总鉴》,说谢六逸先生"号无堂,贵州贵阳人,日本留学,在早稻田大学毕业,中国现代文学家。上海复旦大学中国文学系主任兼新闻学系主任,中国公学文理科学长,暨南大学教授。"至于桥川时雄所记的谢先生的著作,可能有的有些错误,有的并未出版。例如,《读书经验谈》(光华书局出版),可能这是论文的辑录,其中只有一篇是谢六逸写的。《古事记》、《源氏物语》以及《徒然草》,虽然是日本古典文学名著,也许谢先生说过要翻译,他并没有动手,至少我没有看见过。其中有一本《小说概论》,本是谢先生在复旦大学的油印讲义,被陈穆如拿去,在中华书局出版。陈穆如加以发挥,又歪曲了谢先生的原意,但他还要谢先生写序,真是一件怪事。但桥川时雄却告诉我们,谢先生在日本文学方面的一些著作,其中就有《志贺直哉集》(1935,中华书局)、《范某的犯罪》(1929,现代书局)以及《近代日本小品文选》(左藤春夫等著,1929,大江书局),这三种书我都看到过的,当然不只这三种。《接吻》可能也是日本文学作品。《近代文学与社会改造》是商务印书馆《东方杂志》选刊的小册子之一,其中有一篇谢六逸的著作,也被认为全部是谢先生的著作了(当时《东方杂志》和《小说月报》都已出十年左右,《东方杂志》便出了一套《东方文库》;同样《小说月报》也出了《小说月报丛书》)。谢六逸比我大好几岁，桥川时雄写作生于1906年，好像比我小四岁，这也不对。我想谢先生可能是1898年左右生的。说《水沫集》是新中国书店出版，我看也不对，应该是世界书局出版的，但《茶话集》确是新中国书店出版。还有《农民大学》，当是《农民文学》之误，也许就是世界书局出版的《农民文学ABC》，与《神话学ABC》(也是谢先生写的)，同在《ABC丛书》内。《模范小说集》未题书店名，其实是《模范小说选》，由黎明书局出版。《儿童文学》大约是谢六逸在中华书局主编的一种刊物，这刊物出的期数不多，谢六逸自己在这上面写了一些作品，后来他辑为《母亲》和《清明节》交北新书局出版。当时正好李小峰先生主编《小朋友丛书》(陈伯吹也担任此丛书编辑，但没有编过这两本)，就改名为《小朋友××》和《小朋友××》(我忘了书名)，所以谢先生仍用原来的名称，这可能是桥川时雄曾征求过谢六逸本人的意愿。《红叶》和《鹦鹉》大约也是谢先生的儿童文学作品，但我没有注意到。《小说创作选》大约也是误入。《欧美文学史略》和《新闻学概论》，后者没有多留心，前者恐怕也只是油印的讲义。以上凡桥川时雄说到的，我都作了辨正。

我正在病中，为了表扬谢六逸先生，所以我与病魔作斗争，写了上面一些话。我还知道谢六逸曾替《立报》(如《参考消息》大小)第三版最后三排，辟了《言林》阵地，我曾为他这日刊写了一千字以内的一些篇《文人剪影》。

《陨落的星辰》一书曾介绍过谢六逸，我当找出此书再写

补记。

　　我的回忆末句说谢先生喜爱小庭园,"现在的时候连这一点点怡悦也无心享受了,他不能不发出高亢或激厉的声音。"是说他也写起反抗日本军阀的文章。他避难到贵阳,兼了好几个学校的课,未能见到抗日战争的胜利,就在1945年抗日战争胜利前逝世。他的死有人说是为了反抗当时贵州的军阀。

白老鼠的始祖

胡寄南

如果你到复旦来,千万不要忘记去探访几个异类的朋友。那几位朋友高高地很安适地居住在子彬院三层楼上。你如走进房去,他们一定会站起来倚着窗口来欢迎你,十分热烈地向你致敬。当然,这间大屋子内聚族而居的远不止一种,里面有猴博士、狗先生、猫夫人、鸽小姐和兔少爷,然而你总觉得最能勾引起你的同情心的,只有那几位朋友,那几位站起来欢迎你的朋友。

啊!好一群白老鼠!

比雪还白比棉花还要柔软的毛,平均地裹笼着全身,红宝石般的眼球,左右分嵌在狭长的脸上,那四只纤纤小手更娇嫩得比春笋更可爱。还有——还有那几根白而长的胡须,翘露在胭脂似的嘴唇上面。诸位别以为他们个个都是和实验中学的注册先生那样的长者,这却是他们美丽的青春之标帜呀!

讲到那些白老鼠的始祖,便要使人追忆到三年以前的

复旦。

　　三年以前的复旦,既没有实验中学,又没有子彬院,更没有郭任远先生。在民国十二年离暑假约莫一两个月的光景,我们——这时候我还在大学文科二年级——方始得到了郭先生回国的消息。我们很希望他来母校尽力,因为听说他是一个美国心理学界的革命家。等到他返沪后,我们文科二年级有十二个代表去见他,那时他暂住在上海青年会。他不能给我们一个直截爽快的答案。因为他早和北京大学的蔡元培先生有了默契。而且东南大学也竭力拉拢。后来到底因为蔡元培先生已辞北大校长之职,此地因有母校的关系,加以李登辉先生之恳恳,于是郭任远先生方和复旦教育方面发生了关系。

　　郭先生来校后满一月了。有一天——大概是五月初吧,记不清了——他便约我伴他到江西路工商银行去提取他的薪水,这时他对于上海的路径当然是不大熟悉的。从工商银行出来他便叫我陪他到上海邑庙内去。我们在城隍庙内转了半天,居然在一家卖鸟兽及小动物的店内,看到了五只又肥又大的美国种的白鼠。一问价钱,要两块钱一只！当然,一个本地的少年带了一个外来的西装客,是很可以敲一下竹杠的！经了几番交涉,才以四元钱的代价成了交易。此外我们还买了几只鸽子。

　　这五只老鼠便总算是我们子彬院几位朋友的始祖了。我们初次豢养白鼠的地方便在现在教员住的南宿舍楼下一间房间内,从此我们便开始了我们的动物心理的实验。

那年暑假我从南京避暑回来时,他们的子孙已成行了。以后的孳殖是依着几何级数累增的,除了给我们实验所牺牲的不计其数外,到现在还有好几十头活泼可爱的后裔。

但是那几位始祖的遗骨,现在已经不知到哪里去了!

追忆卢鹤绂先生

杨家润

笔者因工作关系,曾多次前往江宁路访问卢鹤绂院士,每次访问都有新的收获。已年逾八十的卢先生,虽因病腿脚有些不便,但思维却十分敏捷,对社会现象的洞察力极深邃,而且言语风趣,声若洪钟。今闻突归道山,实令人不敢信真。

去年4月去他家,蒙题"理论预言指导实践是当代重大技术发展的特征"的赠言,这是卢先生一句精辟的断语。他感慨地说:"今天像我这样强调理论的人,恐怕是不多了。现在抓科学,抓工业,一靠人多,一靠引进。科学靠人海战术是难以奏效的;光靠引进而不创造,不仅被动,又要受欺(例子很多),而且只能永远步人后尘。"先生强调:科技发展不是靠写文章,而是靠真正的发现和发明,今后的重大技术发明也只能用理论指导而得来。他以本世纪无线电、电子工程的出现,原子能的开发和利用,信息技术的突破,激光技术的形成和发展等突出事实来证实其断语。

当谈到时下洋货与国货问题,对洋货进逼,国货步步退却、生存空间日渐缩小的现实,卢先生以为:问题出在理论与工业两大环节上。他曾对笔者多次讲过8∶2的故事。1939年卢先生去美国明尼苏达大学攻读博士学位,1941年获得学位。当时取得该校物理系哲学博士学位的10人,除卢先生一人终生在学校教书及另一位搞纯研究外,其余8位都到工业部门做研究工作,直接为工业服务。这种传统从三十年代末起,实际上一直维持到现在。一批批美国大学生、研究生,毕业后都以能到工业部门解决实际的技术和工艺上的难题为荣,这使得美国的工业设计部门始终处于最有力的源源不断的智力支持状态。如美国电话电报公司的贝尔实验室,云集世界上最优秀的技术精英,其中有17位诺贝尔奖获得者。这个实验室在半导体技术、信息技术诸方面取得了划时代的成果,大批科学家进入工业部门服务,使美国的经济受益良多,而科研人员也因此得到了更多的经济效益,为其后的科研提供了新的经济支撑。

　　卢先生说,反视我国,理科大学培养的人才,至今仍主要流向教育、科研系统,到工业部门的很少。我们今天面临的大堆有碍经济发展的技术工艺问题迟迟未能解决,以上即是其中原因之一。欧美各国的大企业系统早已设有直属的科研机构,力求借以做出发明创造,为其自身的持续生存和发展服务。对此难道我们不应该着力仿效欧美诸国吗?我们培养出来的人才不应该大量地朝大企业里的科研机构输送吗?

卢先生谈到学科分设时说,现在我国大学的学科设置不很合理,特别是本科阶段。拿物理来讲,分什么原子核物理、表面物理、普通物理等。我认为,在本科阶段,物理就是物理,大物理。有了扎实的基础,在研究生阶段再分攻专业。学物理的本科生,就应该坚持学好基础物理,学必须用,要在工业领域发挥作用。顾翼东院士生前对此也说过:我们上了苏联人的当,把学科分得这样细,使学生所学范围狭小,以后搞研究扩展不开来。两位院士的意见是一致的,不知教育主管部门以为如何。

卢先生自言:有人说我是核物理专家,我自己却不这么认为,我始终认为我是物理学家。

卢鹤绂先生是一位不知疲倦的科学家,他对笔者讲他正关注着世界其他物理学家的研究动向,他想着手研究宇宙天体的问题。

卢先生不幸去世了,他的设想相信后来者是会去探索的。

我国高校茶叶系科的创建者吴觉农

毛先旦

我国高等院校创办茶叶专业系科,始于1940年夏季,迁址于四川重庆北碚的复旦大学。它的创建人就是半个多世纪来,为恢复、振兴祖国茶叶事业呕心沥血、作出了卓越功绩的现任全国政协常委、中国农学会顾问、中国茶叶学会名誉理事长,九十高龄的吴觉农老先生。

吴觉农先生从青年时代起就立志为振兴祖国的茶叶事业而奋斗终生。早在1919年就东渡日本留学,学习、考察和研究有关世界各国茶叶的新兴技术。1922年回国后,积极从事茶叶科研、发展茶叶对外贸易等许多方面的工作,后又多次远渡重洋,去印度、锡兰(斯里兰卡)、印度尼西亚、英国和苏联等国考察访问,借鉴别国的产销经验,改进我国茶叶生产技术落后面貌和发展我茶的对外贸易。

抗日战争爆发后,我国最大茶叶出口市场上海沦陷了。吴老先生于1940年到达四川重庆,任贸易委员会茶叶处处长,兼任中国茶叶公司协理、总技师等职,他一方面为了抗日救国,开展战时茶叶统购统销政策,履行对苏茶叶贸易,以偿还军火货款,支援抗战。另一方面他高瞻远瞩,念念不忘振兴祖国茶业,培育造就茶叶专业人才的重要性,认为我国茶业日趋衰落的原因,除了洋行垄断剥削,国民党政治腐败等因素外,其中还有一个重要原因在于缺乏茶叶专业科技人才,必须从兴办专业教育着手培养造就大批科技队伍,从事发展茶叶的生产、加工、检验、出口贸易工作。复旦大学1940年秋季在浙江、湖南、四川等全国重点产茶省招生,这就是我国高等院校中最早创建的第一个茶叶专业系科。这对发展我国茶叶专业高等教育、培养造就积蓄人才和恢复振兴茶叶事业都具有深远的意义。

1945年抗战胜利后,茶叶系科也随复旦大学迁沪。直至1949年全国解放后,到1952年止,由于上海无产茶区,故茶叶系科才从复旦大学分移到浙江大学农学院、安徽农学院。随着我国茶叶生产的不断发展,华南、西南、湖南等农学院也先后开设了茶叶系科。到目前为止,我国已发展到十所高等院校内设有茶叶专业系科,在校学生居世界之首。从而为我国培育了大量的从事发展茶叶生产、加工、科研、外贸、商检等各条战线的茶叶专业技术人才和骨干力量。我国茶业战线有今天这样一支庞大科技、经贸队伍,以及祖国茶业的日趋兴旺发达,无不凝聚着吴老先生的一生为振兴祖国茶业的心血。

复旦一王爷

何 苦

　　凡在母校读过书的人,尤其是欢喜读书的人,对于图书馆的项俊卿先生,一定有深切的印象。他是图书管理的"专家",一图书馆的书他都"肚里明白"。你只要开口说出某书名的前几个字,他便知道所要的,马上在书架上取下来给你,或者说"×××借去了"。

　　项先生谁也会承认他是很精干的,但很少人知道,他曾做过一百几十天的王爷哩。

　　事情是这样的:项先生的父亲是徽州人,书生而不得志,于是乘了轮船到福建去找出路。不幸或幸而轮船失慎,许多乘客跳在水中,大半做了伍员的同志。但项老先生有一个救命圈,于是还可以在水中挣扎。其时他觉得有一个人拿着他的救命圈,无论如何不肯放松。后来他们俩都被救,发现了另一人便是曾为本校董事长的唐绍仪先生。项老先生于是请唐先生帮帮他的忙,唐先生答应到北京后一定代为设法。

　　不久,果然北京来了电报到福建,聘项老先生去,在袁世

凯手下办理档案的工作,后来任袁氏的秘书长,颇得他的信任。所以项先生做小孩子的时代,能够常常到袁氏的公馆里去,袁氏的姨太太们欢喜把他的小辫子绕在床杆上来开他的玩笑。他看见袁世凯,老是问他要钱,袁克定也高兴以手摸摸他的双颊。

这便是项先生封王的由来。洪宪时代,项老先生早已死去了,但袁氏仍不忘旧,封项老先生的儿子为"醇醴王"。项先生被封的时候,正在上海一家店里做学徒,他的老板设法要把他的"掌上珠"配给他,但遭项老太太拒绝。王服由北京寄来,王冠在天津特制,北京并派人来教他见皇帝的礼节。我们的徐家汇附中(李公祠)已指定做他的王府。但"醇醴王"因"云南起义"而昙花一现。

项先生对于"王爷"是毫不留恋的,他认为那是"笑话"。他说:"王爷的衣服我倒保存着,好像戏台上衣服一样。怪有趣的。但葬于'一•二八'的炮火中了。"我们对于这位前任王爷的图书馆管理员,应表示相当的敬意吧。他的手臂上的牛痘,是唐绍仪先生亲自代种的哩。

复旦最早的学生会主席叶景莱

胡国枢

复旦最早的学生会主席称为学长。他的名字叫叶景莱,字仲裕,浙江杭州人,生于1881年(清光绪七年)。他先在上海震旦学院读书,深得该院负责人马相伯的器重。震旦学院是借耶稣会名义设在徐家汇老天文台内,所以屡遭天主教的压迫。马相伯领导进步学生进行抵制与斗争。叶景莱、于右任、邵力子等都是这场斗争中的学生积极分子。由于教会当权者有帝国主义作靠山,蛮横霸道,不可理喻,马相伯等只好脱离震旦,于1905年另创复旦公学(即后来的复旦大学)。复旦公学在马相伯的领导下,实施"民主管理",推行"学生自治"。叶景莱被推为学长,是直接参与学校行政管理的学生代表。

复旦公学初办时,虽然得到社会各界爱国人士的支持,但是经济拮据,财力不足。叶景莱曾代表学校四出呼吁,向人筹款。复旦成立后的第二年,他冒着炎热到南京、扬州、淮阴等地奔走累月,募得一笔款项,才使复旦能够继续维持,度过困难，为我国教育界树立了一面反帝斗争的胜利旗帜。

　　1906年，叶景莱参加了资产阶级革命团体光复会，积极从事反清活动。他与光复会会员沈瓞民等发起组织浙江旅沪学会，后又创办《神州日报》宣传国是主张，在当时社会上有很大影响。他还被推为浙江的国会赴京请愿代表。回到浙江后，他创办了《全浙公报》，还兼任杭州安定中学（杭州最早的中学之一）监督。

　　1909年，叶景莱投入浙江保路运动的斗争，坚决反对清朝政府勾结帝国主义出卖路权。但是这一群众性的爱国运动，不久为立宪派所控制，运动不能顺利开展。叶景莱对此十分愤懑，以致积忧成疾。病稍愈后，他由上海去河南郑州探望父亲。途经镇江时，他对船员高谈保路运动发展情形，情绪激昂愤慨。就在这个深夜，他竟投江自尽，以身殉路，年仅二十九岁。

文学院教授速写

杉 木

汪桢宝君为"三十年之复旦"征稿，要我写点关于复旦的文章。受命之下，想来想去写不出什么。兹为应付汪君的催促，将文学院的教授速写一下。范围以曾教我者为限，在校或已离校者均在内。想到一个写一个，不依任何标准分先后次序。

余楠秋 我初到复旦来，文学院教授中第一个教到我的是文学院长余楠秋先生。余先生有一副四方的脸孔，庄严的神态。一双敏锐有光的眼睛，使人意想到他的广大的才能与可惊的记忆力。他教书认真而负责，选了他的课的同学是很少有闲空的。讲书的时候，他喜欢把教本或讲义的上端搁在一叠卡名上，这在他是一种习惯。同学对之莫不敬畏，而余先生对同学却极和蔼可亲。

顾仲彝 从他的清瘦的容貌看来，从他的银边眼镜上看来，从他文雅的举动上看来，顾教授无处不给人一个学者的印象。他的声音清脆响亮，仿佛是经过一种金属的通鸣器而

发出来的，因此他读起英文来十分动听。他教戏剧时，读诵剧本能把各个人物对话的语气与情感传出来，学者因此而能深切地了解。顾教授人极温和，你可以从他点名的声音里知道他的性格。洪深 洪深先生虽已离校，而他的影子是仍旧留在每个同学的脑中的。洪先生一个肥硕魁梧的躯体，一双奇亮的眼睛，使人一看便知道他是一个天才。的确，洪先生上起课来是与其他的教授两样的：他不死讲书，在本课程的范围里，自由讲来，他能从日常经验中示明许多真理，他又能在讨论死板的原理时举出极有趣的活例来，使听者感到兴趣而永远不忘。他讲书时你可听到一口流行的国语或英语，在说完了一段时，他喜欢来一个"对不对？"的不需要回答的问语。

谢六逸 这一位中国文学研究权威者，他是中国文学系主任兼新闻学系主任，不过才三四十岁的样子，而发已微秃，显然他是用过苦功的。他教书从不坐着讲，总是立着，身体半对着黑板，一面口讲，一面手写，我最爱听他的现代文选和文艺思潮。他对于现代文极有研究，能用批判的眼光分析每一个字的好坏，对于学者益处颇大。他教的文艺思潮，只要你仔细去听，有条有理，抄录下来就是一本好书。他办事敏捷而负责，同学极为钦仰。

方光涛 一位深思的学者，戴着近视眼镜，头发蓬着，衣服也不求整齐。写字时手常常颤抖，可见他是常坐不动的。方先生对于文艺理论有很深的研究，讲授时常蹙着眉头，演着手势，用着全力说话，那种自己已经彻底了解而希望别人也能同他一样了解的态度，真是可佩。他不重形式主义，点名，考试，他都以为是无谓之举，他只以诚恳的态度劝别人读书，以为学分文凭尽是无用之物。方先生现已离校，他劝学的热忱，是令人不忘的。

刘大杰　有着和方先生的相似的态度不重形式主义的是刘大杰先生。方先生点名时常常说及点名之无谓，而仍旧点着点，刘先生则一向不点的，他说自己讲得不好，还要强迫别人来听，实在是不应该的事，故不点名。刘先生虽不点名，然而没有人不到，甚至没有选他课的人也来旁听。可见他的演讲是有相当的吸引力的。他在复旦，讲过一学期欧美近代文艺思潮，同学都欢迎他。我曾去旁听了几课，觉得他对于近代欧美文学是很有研究的。

赵景深　中国文学系的教授，赵先生生性滑稽，讲起书来有声有色。讲到一个传奇或是其他故事的情节时，他能做出各种人物的态度和口吻。这样的用表演的方式把一个故事介绍给听众，通过想像，听众犹如看了一出戏，极易感受而生趣。因此同学中没有一个不欢迎他。他说到可笑的事的时候，自己从不一笑，等到说到故事中"某某人笑起来"，他自己才装个笑脸。赵先生一笑，活像个电影明星哈代，此外，赵先生能用科学的眼光分析的研究，指示了学者一条途径。

李青崖　读短篇小说或近代小说，使我们想起一年前曾在此教书的李青崖先生。李先生也可说是个胖子，因为他太

矮了,这一点也许就不觉得怎么胖。上唇上留着短短的胡须,爱穿背心,香烟总是不离口。他言辞清楚,讲授有方。讲一段,总有一个交代,使人听起来头头是道。他惯用的辞语是:"……如此"。为了坐在两边的同学因黑板上的反光而看不见黑板上的字,他写起字来总是左右两边各写一个。

陈麟瑞 陈先生是暨南大学的外国文学系主任,上半年才来复旦的。一个瘦小的身躯,瘦小的头颅。如果赵景深先生是哈代,那么这位陈先生便是劳莱了!陈先生为人极好,笑起来像个小孩子,我上了他一年的课,觉得他虽年已逾三十,但他天真的性情还是没有消失的。陈先生对于英国古代文学有深刻的研究,英语流利。

汪馥泉 汪教授的课我没有上过,只站在教室窗外听过几次,但他是教授中特点最著的一个,不容不速写。汪教授以长发闻名于复旦。据说他一年只剃三次发,平均四月一次,所以头发就长得可观了。不但长,而且是乱蓬的,我想汪教授一定是终年不用梳子的。脸色黄而发光,像是搽了一层油。你除非遇不到他,一遇到你总可以看他手里有一支烟在燃着。汪先生是有着十足的文学家的风度的。

陈清金 一个清癯的面庞。照比例看他的五官,他的鼻子是占了他面部很多的地位。陈教授是个趣人,待同学如朋友,不分阶级。他在讲课时,如涉及社会科学问题,他能尽量的发挥;我们知道他除精于日文外,对于社会科学是很有心得的。善书法,字清秀如其人。

郑业建　郑先生的修辞学教得最好。他用那湖南腔读文句,抑扬顿挫,把文句的神韵传出来。他肚皮里有许多犯了修辞毛病的俗话中的例。用这种例来证明修辞学上的原则,学者极感趣味。你如上过他的课,你总会想到郑先生是近视眼,瘦长的脸,短短的长发,左手持书右手在黑板上写字的样子。

话当年

英

民国 16 年，北伐告成，差不多所有的大学，多开放了女禁；而我亦就在那一年秋季，从大同转学到复旦去。在那个时代，随便什么地方都呈着生气，尤其是有许多青年的学府里，好像谁都被革命的潮流所冲动着，不能静静地过日子，动已操纵了一切。我不能再在沉闷而又带着封建思想的大同读下去，所以才跳出大同进复旦。

复旦对于学生思想方面，比较来得解放，而且在国内私立大学中，也算是一个佼佼者。你有没有听得人家这么说过："南有复旦，北有南开。"可是我刚进复旦的时候，我对于复旦的印象，并不怎么好。这原因大概因为在学校行政方面，初经改革，同时又骤然间加增了许多学生，各方面事前都没准备，自然很多地方，显出手忙脚乱的情形。在偌大的学府里，竟找不出一些秩序来。学校当局吸收了许多学生，这许多同学，有的是从内地中学堂出来的，有的是从本地教会学校转学过来的，人多而且杂，程度当然不会齐。学校对于新生,没有相当的指导,同学自己,乱麻里也找不出头来,那种困苦,恐非身历其境者,所能想像出来的。

新生到了校第一件事情,自然是选课程。学校虽然规定了几种必修课,但是叫人无从选起,我真不知道应当先读了簿记,然后读会计好呢,还是读了会计后,再读簿记好。问教师罢,不知道教师在什么地方,也不知哪一位是教师,问同学罢,同学又是那么散漫。而且我们女同学,大家都是新生,她们自己跟你一样,什么都不知道。你就徼天之幸,把课程选定,别忙,还得找课程表;课程表抄好了,没有教室,你总不得上课;而找到教室,就不是一件容易事,譬如说,这一课在简公堂,那一课又在子彬院,真叫做盲人骑瞎马,不知怎么办才好。更其使人害怕的,是上课前的那种挤法,人是多得像三公司的大减价,又像城隍庙在出会,好容易你找到了课室,你别想再挤进去,人坐满了一屋子,这不必说,门外边站着的还多呢。教师来了,当然只有换教室,简公堂AI有课,不行,再跑子彬院一〇一,又有课,也不行,几个来回一跑,一点钟轻轻的过去,这一课总算见了先生一面。没办法,注册处只得给你们分班,一分班,事情更其糟,不是甲课的A组,跟乙课的B组冲突,就是丙课的C组,跟丁课的D组冲突。这种情形,大概一直过了二三个月头,总算安定了些,而新同学在复旦的生活,方渐渐地习惯起来。

我自己的情形,或与众不同些。我是从大同出来的,大同的规则,当时的严紧,是有名的,而对于女生的管理尤严。

平时打过六点钟,女生不能再出宿舍门,上对面教室去,白天有课则上课,没课只能在房间里自修。每个月寄宿生只能出外四次,碰巧有一个月中,有了五个星期日,那你只能怪洋鬼子日历排得不好,自认晦气,整整的关在里边过一天。我在这种生活中,过了两个年头,一朝走进复旦,好如从樊笼里边放出来的鸟,反觉着天地太大,而不知所措起来。

我还记得我那个时候曾经这样告诉过我的大哥:"我在这里,好像一匹脱羁的马,又好像一个没有父母的孩子,没有人管我,亦没有人理睬我,我欢喜怎么做,就怎么做。我觉得这样的过日子不对。"那么,你要问啦:"你怎么不离开复旦呢?"别急,话正长呢。起初我对于这种新的环境,本不感着什么兴趣,后来日子久了,学校方面,恢复了原有的秩序,一切都走上了轨道,我也慢慢的能够适应这个环境。这样我在复旦就过了整整的三个年头。在这时期中,我对于复旦,老实说,没有十二分的好感。一直到离开学校后,方始觉到复旦可爱起来,现在想起当时的生活,竟令我起了无穷尽的回味了。

当初进复旦的时候,自己以为将来有了不起的作为,你亦该知道一个人,在年轻时候,总有些自负和夸大的。但是出了复旦这么些年数,还是依然故我。虽然有时候自慰,以为一个小小的螺丝钉,对于整个的大机械,还是很紧要的;然而对于过去的自己的期望,和自己的梦想,没有实现,终究是一件憾事。话虽这么说,但过去的在复旦生活和那时候所有的梦想,有时候重回了脑子来,嘴角上还挂着不少的笑意呢。

记孙俍工

赵景深

我在复旦大学中国文学系教书,已经十年多了。听说在我以前,刘大白、陈望道、郑振铎、陆侃如、冯沅君等都在复旦教过书,与我同时的也有穆木天、汪馥泉、张世禄、谢六逸、傅东华、李青崖、郑业建、叶嗣炳、殷以文、应功九、洪深等,差不多都是著作等身的,重庆方面如陈子展、端木蕻良、曹禺、胡风等,也都是大家所熟知的。学一句旧小说口吻"这中间单说一位同事,姓孙,名俍工。"他在复旦时,是中国文学系主任,五四运动以后不久,他与夏丏尊、沈仲九等同到长沙第一师范学校教书,是赫赫有名的事;我和馥泉到长沙接他们的后队,还常听见同学们说起他们的流风余韵。

俍工在复旦时,曾介绍一个女生来读书,这女生名叫王荑,面如满月,也就是王梅痕女士,其实就是他的爱人。有一次复旦同学春天游无锡,俍工与王荑一同加入,我也与妻子希同加入,当时他们俩的恋爱还是半公开的;我得到这消息,似闻之于六逸,当时像得到一个秘密似的向俍工探询,他连

忙向我摇手，叫我不要响，但在他们俩春游归来以后不久，这消息也就成为完全公开的了。

俍工在国文教学上颇尽了不少的力，无论语法、记叙文论说文、小说、诗歌、戏剧等作法，都有专书，其中以论说文作法为最好，创作也有《海的渴慕者》和《生命的伤痕》，都在民智书局出版。译文如铃木虎雄的《中国古代文艺论史》和盐谷温的《中国文学概论讲话》，对于中国文学的贡献颇大，《文艺辞典》正续编也于学者极便。

好多年不见俍工了，眼前显现了这样一个身影：魁梧壮健的身材，似乎很喜欢歪着颈项说话，一双眼睛像是呆定的，也许是在那儿沉思着文艺上的问题吧。

他曾预备校印《拍案惊奇》，我替他写了一篇考证，并抄余各篇所根据的原文。偶翻抽屉，发现了这篇稿子，益思故人不置！

老复旦打钟人

徐 行

我 1947 年考入复旦大学新闻系,上海解放后奉调参加工作。四十几年后对母校最深刻的印象还留有啥?我要说:老复旦那位打钟人!

那时校本部包括女生宿舍在内很大,却无电铃装置,作息全靠那位老人跑去打钟,而他的正式职务又是教授休息室(在原照南堂内)一名勤杂工。

那时教授大都散住市区,有课才搭乘校车(少数教授有自备小汽车)来江湾;校内没有他们的办公桌,便先去这休息室坐一会。那位老校工此刻便泡来一杯清茶,再绞上一个热毛巾,和教授们有说有笑拉家常;逢雨天,他又忙着帮教授们脱雨衣、晾雨伞,教授们也总跟在后面连声说:"又麻烦侬了,谢谢侬!"

砖楼的小钟墩就矗立在校本部正中心,一根高杆的顶端悬挂着铜钟,当当一响,声震全校。从教授休息室去钟墩步行要 5 分钟,我们从教室窗口便能看到那位老人提前稳步走

出，手里提着教授休息室那座铁壳3针的小闹钟；逢雨天他还撑纸伞，穿钉鞋，再把闹钟用布包裹，揣在怀里。一步步踏上钟墩，两眼牢牢盯着钟上红秒针，一分一秒不差才"当当当"敲打起来；课间间歇仅10分钟，老人索性席地坐等敲打上课钟，逢雨天只好撑伞站等了。

老人就这样每天往返8次，在"当当"声中送往迎来了几千名大学生，也耗尽了自己大半生心血。他在高等学府里只是一名"龙套"，却又是一枚不可缺少的螺丝钉。我不曾问老人姓名，从那头白发估计他那时已60出头，大概如今已离开人世了。我转瞬间也已60好几，才真正体会应当尊敬怀念这样平凡而自重的老人，深深景仰他那勤勤恳恳的敬业精神。

杰出校友(不完全名单)

邵力子：1905年，原国民党中宣部部长、著名民主人士

陈寅恪：1908年，著名历史学家、国学大师

罗家伦：1914年，国立清华大学校长、国立中央大学(现南京大学)校长

张志让：1915年，著名爱国志士、新中国第一任大法官

孙越崎：1916年，著名爱国人士、实业家和社会活动家，中国现代能源工业创办人和奠基人之一

徐悲鸿：1916年法文系，中国现代美术事业的奠基者，杰出的画家和美术教育

陈维稷：1925年化学系，我国现代纺织科学技术奠基人、教育家和社会活动家

胡寄南：1925年心理学系，中国现代心理学家

冯德培：1926年生物系，中国神经肌肉生理学研究的开拓者

童第周：1927年生物系，著名实验胚胎学家

严幼韵：1927年，杰出的女外交官，中国近代著名外交

家顾维钧夫人

夏征农:1928年中文系,著名的革命家、教育家、原上海市委书记,《辞海》主编

陈　瑛:1928年中文系,中国新文学早期的女作家、文学翻译家,笔名"沉樱"

李仲南:1928年中文系,著名诗人、教育家、教授,曾任《商报》主编

王铁崖:1931年政治系,杰出的国际法学家、教育家、社会活动家,中国国际法学会前会长,国际法研究院院士,国际海牙常设仲裁法院仲裁员,联合国前南斯拉夫国际刑事法庭大法官

靳　以:1932年毕国际贸易系。抗战期间任重庆复旦大学教授,建国后,历任沪江大学教务长、教授,复旦大学教授,《收获》主编,中国作协书记处书记

钱　悳:(1932年原国立上海医学院),著名医学教育家,1956年调重庆创建重庆医学院,任院长、重庆医科大学名誉校长

杨国亮:1932年上医,杰出的医学教育家、现代皮肤病学奠基人之一

邹荻帆:1940年经济系,著名诗人,原《文艺报》编辑主任、《诗刊》主编,曾获"斯梅德雷沃国际金钥匙奖"

包　蕾:1941年土木工程系,著名儿童文学作家

绿　原:1944年外文系,著名作家、诗人

李达三：1945年会计系，声宝—乐声公司董事会主席，CARLTON酒店集团董事会主席，中国富豪

袁　木：1948年新闻系，前国务院研究室主任、国务院新闻发言人

陈曾焘：1948年银行系，香港中央结算公司主席、恒隆集团原董事长、中国富豪

洪绂曾：1952年农学院，著名草业专家，全国政协常委，九三学社中央委员会副主席，中国农学会名誉会长

李岚清：1952年企业管理系，前中央政治局常委，国务院副总理

汤钊猷：1954年上医医疗系，国际癌症大会肿癌会主席，中国抗癌协会肝癌专业委员会主委，中国工程院医药卫生学部首批院士

吴敬琏：1954年经济系，中国经济学界的泰斗

唐家璇：1958年外文系，国务委员、前国务院外交部部长

方守贤：1955年物理系，著名高能加速器物理学家、中科院院士，曾任中国科学院高能物理研究所所长

王启明：1956年物理系，著名光电子学家、中科院院士，曾任中国科学院半导体研究所所长

胡思得：1958年物理系，著名原子核物理学家、工程院院士，曾任中国工程物理研究院院长

杨福家：1958年物理系，著名物理学家，中科院院士，英

国诺丁汉大学校长,原复旦大学校长

  朱 敬:1997年物理系,盛大网络CTO

  洪昭光:1961年上医,著名心血管病专家、健康教育专家,国内大众健康科普教育的倡导者和推广者

  左焕琛:1962年上医,中国农工民主党十三届中央副主席、上海市委会主委、上海市政协副主席

  陆谷孙:1962年外文系,蜚声中外的英语语言文学家,复旦大学外文学院院长,《英汉大辞典》主编

  周瑞金:1962年新闻系,曾任《解放日报》副总编、《人民日报》副总编,1991年组织编写"皇甫平"系列文章宣传深化改革,成为中国第二次思想解放运动的号手

  张文康:1962年上医,中央委员、全国政协教科文卫体委员会副主任,原国家卫生部部长、中华医学会会长

  梁保华:1963年新闻系,全国人大财经委员会副主任、省人大常委会主任、原江苏省委书记

  陈 健:1964年外文系,联合国副秘书长

  陈至立:1964年物理系,全国人大副委员长、全国妇联主席、国务委员、原国家教育部部长

  何慧娴:1965年新闻系,中国奥委会副主席、中国体育记者协会主席

  桑国卫:1966年上医本科、硕士,中国农工党中央主席、中国药学会理事长

  龚学平:1967年新闻系,上海市人大常委会主任

陈凯先：1967年放射化学，著名药物化学家，中国科学院院士，上海中医药大学校长，中国科学院上海生命科学研究院党委书记

朱祖良：1967年放射化学，中国工程物理研究院院长，中央候补委员

郦永刚：1967年物理系，美国著名地震专家。

韩启德：1968年上医，全国人大常委会副委员长、九三学社中央主席

赵化勇：1972年新闻系，中央电视台台长，中国有线董事长。

李东生：1978年新闻系，原中宣部副部长、现公安部副部长

戴玉庆：毕业于新闻系，广州日报报业集团社长

李　唯：1976年中文系，宁夏作家协会副主席、天津电视台电视剧制作中心副主任

梁晓声：1977年中文系，著名作家、中国儿童电影制厂艺术委员会副主任

江绵恒：1977年放射化学，中国科学院副院长，中国载人航天工程副总指挥

卢新华：1978年中文系，大一时发表小说《伤痕》，揭批文革的当代"伤痕文学"创始人

章晟曼：1978年外文系，世界银行常务副行长，历史上首位世行华人副行长，现花旗集团公共部门银行业务全球

主席

朱　民：1982年经济系，IMF（国际货币基金组织）副总裁，历史上首位华人副总裁

王官明：2011级EMBA，泰隆商业银行行长

瞿秋平：毕业于货币银行学专业，高级会计师，上海银行行长

张耀麟：复旦大学博士后，历任浦发银行，平安银行副行长

侯福宁：毕业于世界经济系，硕士研究生，高级经济师，上海农商银行行长。

沈训芳：毕业于国际政治系，博士研究生，上海农商银行党委副书记、纪委书记。

徐子望：1985年世界经济系，美国高盛集团（亚洲）区董事总经理

季卫东：美国摩根士丹利董事总经理

张之皓：花旗银行（中国）有限公司副行长，商业银行部总经理

董述寅：渣打银行（中国）有限公司风险总监

马　骏：德意志银行董事总经理、大中华区首席经济学家

孙明春：野村证券首席经济学家

哈继铭：中国国际金融公司首席经济学家

单俊葆：中国国际金融有限公司投资银行部董事总经理

蔡洪平：德意志银行亚洲区主席

姚毓林：美国 Neuberger Berman 亚洲区董事总经理

邱致中：英国巴克莱资本亚太区副主席兼大中华区主席

丁国荣：申银万国证券董事长

陈天桥：1994年经济系，盛大网络发展有限公司创始人、董事长兼CEO、中国最年轻的富豪

安道义：2011级EMBA，淮南通商银行董事长

卢志强：毕业于经济学院，光彩事业投资集团董事长、中国泛海控股有限公司董事长、中国民生银行副董事长、民生人寿保险公司副董事长、中国富豪

李养民：2011级EMBA中国东方航空股份有限公司党委书记

曹景行：1978年历史系，凤凰卫视著名评论员、主持人。

王沪宁：1981年国际政治硕士，中央书记处书记，中央政策研究室主任，江泽民重要幕僚，"三个代表"重要思想提出者

蒋巨峰：1982年经济系，中共中央委员、四川省省长

李源潮：1982年数学系，中共中央政治局委员、国家中组部部长

俞　瑾：1955年上医，医学系，国际妇科学术权威，被誉为"世界外婆"。复旦大学附属妇产科医院教授，博导。现任中国中西结合学会妇产科专业委员会主任委员，生殖医学杂志常务编委，并兼任悉尼大学博导等职

孟晓黎：1982年数学系，美国哈佛大学统计系系主任

范剑青：1982年数学系，香港中文大学统计系主任，2000年被誉为"统计学诺贝尔奖"的考普斯"总统奖"得主

张首晟：1982年物理系，国际著名物理学家，美国斯坦福大学最年轻的终身教授之一

许　田：1982年生科院，杰出遗传学家，耶鲁大学遗传学系终身教授

张胜友：1982年中文系，著名作家，中国作家出版集团党委书记，原作家出版社社长兼总编

程天权：1983年法学硕士，中国人民大学党委书记

许德民：1983年经济系，中国著名抽象艺术家、作家、诗人

素　素：1984年中文系，著名上海都市女作家，原名吕素勤

谢遐龄：1985年哲学硕士、博士，复旦大学社会学系主任，民盟中央常委委员，"以德治国"国策提出者

方永刚：1985年历史系，忠诚党的创新理论的模范教员，"全国道德模范"、"感动中国2007年度人物"

王子杰：1985年数学系，久游网董事局主席兼总裁，创始人

闵　昊：1985年电子工程系，上海华虹集成电路有限责任公司总经理

虞　锋：1986年哲学系，聚众传媒创始人，分众传媒联

席董事长、中国富豪

何清涟：1987年经济系硕士，著名作家

陈思和：1988年中文系，中国现当代文学研究著名学者，复旦大学中文系主任，中国现代文学学会副会长

王长田：1988年新闻系，光线传媒有限公司创始人、总裁，兼北京工商联副主席，中国富豪

曹国伟：1988年新闻系，新浪CEO、中国富豪

丁　磊：1988年物理系本科、硕士，上海张江集团有限公司党委书记

横田孝二：1988年中文系留学生，富士集团（中国）总裁

李若山：1989年审计学博士，中国审计学第一人、复旦大学管理学院财务系系主任

虹　影：1989年中文系，享誉世界文坛的著名女作家，中国新女性文学的代表之一

唐海松：1989年激光物理系，亿唐公司创始人，董事长兼CEO、中国富豪

郭广昌：1989年哲学系，1999年经管学院，上海复星高科技集团董事长、总裁兼CEO，"2004CCTV中国经济年度人物"、中国富豪

郭申元：1990年生科院，中国杰出青年学者

裘　新：1988年新闻系，解放日报党委书记、总编辑，上海市委宣传部副部长

陈　新：1988年新闻系硕士，中视金桥国际传媒集团董

事长

秦　朔：1990年新闻系，《第一财经日报》总编，全国影响最大的政经杂志《南风窗》前总编

胡劲军：1990年新闻系，原文汇新民联合报业集团社长，上海世博局副局长、上海申迪(集团)有限公司总裁

张黎刚：1991年生科院，爱康网董事长兼CEO，e龙网创始人之一、前CEO

梁信军：1992年遗传工程系，复星高科技(集团)有限公司副董事长、上海英富信息发展有限公司董事长、中国富豪

汪群斌：1991年遗传工程系，上海复星医药(集团)股份有限公司董事长、中国富豪

闾丘露薇：1992年哲学系，凤凰卫视著名女记者、主持人，被誉为"战地玫瑰"

乔建永：1993年数学系博士，中国矿业大学(北京)任校长

蒋昌建：1993年国际政治系硕士，1993新加坡第一届国际大专辩论会最佳辩手

薄卫民：1994年数学系，1997年通过全部北美精算师协会考试，成为中国第一位FSA，"中国精算第一人"

黎瑞刚：1994年新闻系，上海文广新闻传媒集团总裁

马　骅：1996年国关学院，杰出的西部支教志愿者，因车祸在澜沧江遇难

陈　晓：1996年企业管理硕士，永乐家电创始人，国美

电器总裁

　　王家瑞:1997年经济管理博士后,中共中央对外联络部部长

　　巴特尔:1998年经济学院研究生,内蒙古自治区代主席

　　冯　艾:2000年社会学系,第五届中国十大杰出青年志愿者、中国青年志愿者服务金奖奖章获得者

　　赵　斌:2003年产业经济学博士,中国航天机电集团公司董事兼总经理

　　屠海鸣:2003年EMBA,中国侨联青年委员会副理事长、中国侨商会副监事长、上海国际商会副会长

　　金壮龙:2003年产业经济学博士,中国商用飞机有限责任公司董事长、党委书记

　　高利民:1989年数学系,中国最大的金融证券类网站"证券之星"创始人、总裁

　　周韶宁:1978年电子工程系,谷歌(Google)大中华区联合总裁

　　谭　军:1982年电子工程系,英国ARM(安媒)大中华区总裁,全球最大IP核心专利厂商

　　张　铮:1987年电子工程系,微软亚洲研究院副院长

　　王　晔:1989年管理科学系,上海微创软件公司总裁、创始人之一

　　施钟鸣:1982年计算机系,杭州士康射频技术有限公司总裁兼CEO

梁建章：1984 年计算机系，携程旅行网董事局主席，创始人之一、前 CEO

荣　海：1984 年计算机系，西安海星集团创始人、董事局主席、总裁，为多元化投资集团，中国富豪

陆　奇：1987 年计算机系，美国微软全球执行副总裁

幺宝刚：毕业于计算机系，谷歌（Google）中国工程研究院副院长

孙德炜：1988 年计算机系，上海市软件行业协会理事长、上海启明软件有限公司董事长

乔志刚：1989 年计算机系，创立上海复旦金仕达计算机有限公司，中国最大期货软件开发商，四大证券软件开发商之一，前董事长、CEO

赖有猷：1990 年计算机系，SAP 中国区高级副总裁

陈　群：1991 年计算机系，上海博达数据通信有限公司创始人、总裁，设计国产第一台路由器

王永利：1992 年计算机系，德国朗盛集团大中华区总裁

（以上内容来源于网络，如有出入，敬请谅解）

参 考 资 料

1. 复旦大学网站 http://www.fudan.edu.cn
2. 复旦大学出版社 http://asian-chinese-african.org